가족

우리가족 뿌리를 찾아서

이정선 · 이훈재 지음

가족 - 우리가족 뿌리를 찾아서

1판 1쇄 인쇄__2010년 10월 20일
1판 1쇄 발행__2010년 10월 25일

지은이__이정선·이훈재
펴낸이__이종엽
이사__양정섭
디자인__김미미
기획·마케팅__주재명 김현아 노경민
경영지원__조기호 최정임

펴낸곳__글모아출판
등 록__제324-2005-42호
공급처__(주)글로벌콘텐츠출판그룹
대 표__홍정표
주 소__서울특별시 강동구 길동 349-6 정일빌딩 401호
전 화__02-488-3280
팩 스__02-488-3281
홈페이지__www.gcbook.co.kr

값 12,000원
ISBN 978-89-94626-01-7 03810

가족

우리가족 뿌리를 찾아서

이정선 · 이훈재 지음

글모아 출판

시작하는 글

우리는 현대를 살아가면서 대부분 옛날 일을 잊고 살아가는 수가 많다.

우리 선조들은 한반도 안과 밖에서 유구한 역사와 전통을 이어왔음에도 불구하고, 기록의 부재 속에 살고 있다. 당연시 역사적 사실로 인식되어야 할 단군조선(BC2333년~BC108년)의 역사는 수도 서울의 국립중앙박물관에서 조차 존재를 찾을 수 없다가 최근에서야 겨우 작은 공간을 차지하였다. 세계에서 최고로 오래된 활자본 "다라니경" 목판본과 "직지심체요절" 금속활자본, 쿠베르탱보다 200여년 앞서 금속활자를 독자 창안해낸 창의력이 남다른 민족으로 세계 최고 수준의 목판본과 세계 최초의 금속 활자술을 가진 우리나라에서 단군조선을 역사로 인정받을 역사적 사료가 없다. 그 이유에 대해서 여러 가지 생각을 해본 바, 우리 민족은 아주 꼼꼼히 역사적 사실을 기록했건만, 외세의 침략과 역사 관념 부재 속에서 대부분의 사료들을 멸실 당했다고 봐야 할 것 같다.

조선시대에 귀중한 전승보고나 조선왕조실록 등을 4대 역사 사고(춘추관, 충주, 성주, 전주)에 나누어서 보관/관리할 정도로 기록유산에 대한 철저한 관리체계를 유지했음에도, 임진왜란을 당하여 전주 사고본만 남았고 나머지 3대 사고본이 불에 타는 불의를 겪게 되었으며, 이후에는 5대 역사 사고로 확장하고 심산유곡으로 재 이전 보관관리 하게 되었다. 서울 춘추관, 강화도 마니산(摩尼山), 경상북도 봉화군 태백산, 평안북도 영변군 묘향산, 강원도 평창군 오대산에 사고를 분산 배치하였다. 가장 가까운 왕조인 조선의 역사기록서가 이럴진대, 그 이전의 고려시대, 남북국 시대(통일신라, 발해), 4국 시대(고구려, 백제,

신라, 가야), 4국 이전시대(부여, 동예, 옥저, 삼한(마한, 변한, 진한), 고조선 시대의 기록물 보존은 어려움이 많았을 것이다. 이에 역사 기록 관리의 중요성을 깨닫고, 사소한 기록이라도 책으로 남기고자 그 첫 번째로 우리가족의 뿌리 찾기를 택하여 글로 남기고자 한다. 그리고 지금은 출판물이나 전자화된 문서매체로 보관될 필요가 있다고 본다. 마지막으로, 아빠의 시골 고향인 효령은 우리가족의 뿌리이신 중시조 효령대군(조선 태종대왕의 둘째아들, 세종대왕의 형)과 깊은 연관이 있을 것 같아서 미지의 무언가를 찾아서 우리가족 뿌리 찾기를 시작한다. 또한 조선 왕조에 대해 중국의 후예라는 잘못된 인식을 가진 일부 사람들의 견해를 바로 잡고, 사람들의 근원적 뿌리는 지구인으로 모두 같은 조상으로 민족 간의 전쟁은 무의미 하며, 서로 사랑해야 한다는 관점으로 출발하고자 한다. 우리 모두 역사적 출발점은 같으나 유구한 역사 앞에서 작은 잔뿌리를 가지는 것이다. 이제 뿌리 찾기를 시작하였으니, 초판 중판을 거듭하여, 나의 뿌리를 바탕으로 기록을 남김은 물론 수정 보완하면서 책을 거듭 쓸 계획이다.

마지막으로, 이 책이 완성되기까지 아낌없이 도움주신 글모아 출판사 사장님 이하, 편집, 출판을 도와주신 모든 분들께 감사의 말씀을 드립니다.

2010. 7. 31일

저자 씀

목 차

1장

나는 누구인가?

이 글을 쓰고 있는 나는 누구인가? 내 이름은 이정선(李柾璇), 1993년 11월 3일 태어났다. 아빠와 엄마 모두 좋은 태몽을 꾸셨다고 하셨는데, 지금은 밝히실 수 없다고 하신다. 위로는 4살 많은 오빠가 1명 있다. 대전 자양동에서 3살까지 살았고, 유달리 발육이 빨라서 9개월에 걸음마를 시작했으며, 18개월에 한글을 조금씩 읽기 시작해서 주위 사람들을 놀라게 했다고 한다.

내가 태어난 대전시 동구 자양동의 2층 전셋집: 최근에 집이 개량된 사진임

오빠가 초등학교 때 만년동으로 이사하여 초등학교 병설유치원을 다녔다. 이곳 원장선생님께서 열심히 하는 나를 무척 예뻐하셨다. 한번은 이곳에서 수두가 생겨서 병원에 갔는데 이마와 코에 난 수두를 절대로 만지지 말라고 하셨지만, 셋째 날에 참지 못하고 슬쩍 만진 휴유증으로 현재까지도 콧등에 조그만 상처자국이 남아 있다.

그 후에 아빠께서 국방과학연구소에서 대학교로 직장을 옮기셨고, 나도 함께 따라 내려와서 대구에서 초등학교를 다녔다. 이 때 학급 부반장을 하면서 친구들과 좋은 추억을 쌓았다. 대구에서 중학교와 고등학교 1학년까지 다니고, 현재는 캐나다 밴쿠버 코퀴틀람 지역의 리버사이드 고등학교(riverside secondary school) 11학년에 다니고 있는 중이다. 또한 초등학교 때부터 영재교육을 받게 되었다. 과학 기초반, 과학 심화반, 화학 기초반,

화학 심화반, 화학 사사과정을 수료하였으며, 현재는 KAIST IP 기반 영재기업인 교육을 받고 있다.

아빠의 고향은 경상북도 군위군 효령면 장기2동(음지나실)이다. 대구에서 버스를 타고 안동을 향하는 국도로 대구-칠곡-천평을 지나면 구효령이 나오고, 오른 쪽 2번째 마을이 장기2동이다.

효령면은 효령과 구효령 지역으로 나뉘는데, 예전에는 구효령이 번성하였지만 지금은 대구-팔공산-제2석굴암-효령으로 우회하는 국도가 신설되면서 팔공산에 접근성이 좋은 효령(신효령이라고 하였다.)이 더 앞서게 되었다.

우리가족이 대전 만년동에 살 때 국립중앙과학관에서 찍은 사진

울진 성류굴에서 찍은 가족사진

제주도 천지연폭포에서 찍은 가족사진

시골 마을 : 경상북도 군위군 효령면 장기2동, 음지나실 입구

구효령에는 아빠가 다니시던 장군초등학교가 있었지만, 지금은 폐교되었고 현재는 경북대학교 자연사박물관으로 전환되어 관광객들이 찾고 있다. 또한, 구효령 지역은 장군3동이라고 부르는데, 이곳에는 삼국통일에 기여한 김유신 장군 사당이 건립되어 있다. 백제군과 싸움을 하던 중에 유숙하면서 큰 전과를 올린 곳이라고 한다. 또한 장군동 지역은 효령 사공씨의 본향이기도 하며, 현재 정계 진출 인사중에는 사공일 전 재무부장관이 이곳 출신이시다. 군위(軍威)라는 지명은 고려 건국과 관련이 있는 지명으로, 왕건의 고려군과 견훤의 백제군이 팔공산(당시에는 공산이라고 불림)에서 서로 싸움

을 할 때 왕건의 고려군이 군사적인 위세를 보이기 위하여 긴 행렬을 일렬로 세워서 지나갔는데, 그 모습을 보고 모두들 감탄해서 후에 '군사적 위세'를 떨친 곳이란 뜻을 가진 '군위'로 이름을 지었다는 이야기가 전해온다.

지금부터 1300여년전 신라 무열왕 때 김유신 장군이 정병 5만을 이끌고 백제를 공격하기 위해 경주, 영천, 신령을 거쳐 군위에 진을 치고 하루를 유숙했는데 이곳에 온 군사들의 위세가 당당했다고 해서 군위(軍威)라는 명칭이 전해진다고도 한다.

군위군 효령면 장군리의 옛 이름은 '나실'이라고 했는데 이 말은 임금님이나 귀한분이 오셨던 곳이라는 뜻의 지명이기도 하다. 이후 고려 말엽 이곳 주민들이 옛일을 추모하기 위해 사당을 지어 당시 나당연합군의 장수였던 김유신, 소정방, 이무 3장군의 위패를 모시고 매년 단오날 제사를 지내며 사당이름을 장군당이라 지어 불렀으며 이때부터 동네 이름도 장군동이라고 전해지고 있다. 즉, 장군리(將軍里)라는 마을 이름은 신라가 삼국통일 할 당시 김유신(金庾信) 장군이 당나라 소정방과 합세하여 백제를 치던 중 이 곳에서 하룻밤을 유숙했는데, 그 후 고려 말엽 이 곳 주민들이 옛일을 추모하기 위하여 장군당을 짓고 김유신, 이무, 소정방 장군의 위패를 모시고 3월 초에 향사를 지냈다. 3명의 장군이 쉬어 갔다 해서 뒷산에 효령사(孝靈祠)를 짓고 마을을 장군리(將軍里)라고 불렀으며, 효령(현재는 구효령(舊孝令)이라고 부르기도 하였다.

장기리(場基里)라는 마을 이름은 장군리(將軍里)의 양지나실(陽地羅室)과 마주 보고 있는 냇가 건너편 마을로, 해뜨는 방향(양지나실의 동쪽)에 있음에도 불구하고 산에 가리어 해가 늦게 비치므로 음지나실(陰地羅室)이라 하며, 신라 경순왕 때에는 내동(乃東)이라 부르다가 한일 합방 뒤에 옛 효령(孝令) 시장터라 하여 장기리(場基里)라 불리웠다. 효령면의 소재지는 현재의 효령면 장기3리(고지바위)에 있었는데 지금은 그 흔적 뿐 건물은 모두 없어졌으며, 시장이 있었던 곳이므로 당연히 장기리가 옛 소재지였다고 본다.

현재의 효령인 중구리(中九里)는 300여 년 전 제일 먼저 정착한 길씨(吉氏) 집안에서 마을 터를 닦을 때 대나무가 많아서 죽리(竹里)라 불렀으며, 그 뒤 대나무가 점점 없어져 현재는 몇 집 정도에만 자라고 있을 뿐이다. 따라서 죽리로서의 의미가 사라지고 있으며, 효령면(孝令面)의 중간에 위치하고 있기 때문에 지금은 중리(中里)로 통한다. 한일 합방 뒤 서기1914년 3월 1일 부령 제 111호로 부·군·면의 통폐합에 따라 의흥군이 군위군에 흡수 통합되고, 군위군 8개면을 관할할 때 의성군 소야면 (현: 인곡, 양지, 낙전, 가암, 석산, 학암) 일부가 군위군 고로면에 편입되었으며, 효령면 중간에 위치한 현 중구리로 효령면 소재지를 옮겼다고 한다.

군위(軍威)는 경상북도(慶尙北道) 중앙부(中央部)에 위치한 지명(地名)으로, 본래 신라(新羅)의 노동멱현(奴同覓縣 : 일명여두멱현)이었는데 경덕왕(景德王) 때 지금의 명칭인 군위(軍威)로 고쳐 숭선군(崇善郡 : 선산의 옛 지명)의 영현(領縣)이 되었다가 고려(高麗) 현종(顯宗) 때는 상주(尙州)에, 인종(仁宗) 때는 일선군(一善郡)에 귀속되었으며, 남쪽에 적라산(赤羅山)이 있기 때문에 한때 적라현(赤羅縣)으로 불리기도 하였다. 1895년 현을 군으로 개칭하고 1914년 지명 개편시 인근의 효령(孝令)·의홍(義興)·비안(比安)을 병합하여 오늘에 이르렀다.

고려시대에 지은 김부식의 『삼국사기』나 일연스님의 『삼국유사』의 기록에는 삼국시대(고구려, 백제, 신라) 중에서 가장 늦게 불교가 전파된 나라가 신라이며, 일선군 지역(현재 군위군과 선산군)에서 묵호자(아도화상)께서 모례의 집에 은거하면서, 눌지왕 때 신라최초의 절인 도리사를 세워서 지금에 이르고 있다고 한다. 또한 군위군 소보면의 인각사는 『삼국유사』를 기록하신 일연스님이 세우신 절로서 마지막에 머무신 곳으로 유명하다. 그리고, 군위군 효령면 대율리는 일명 한밤마을로서 경주의 석굴암보다 200년 이상이나 앞서 세겨진 암각 석굴암인 제2석굴암이 있다.

아빠의 시골인 효령은 우리가족의 뿌리이신 중시조 효령대군(조선 태종대왕의 둘째아들, 세종대왕의 형)과 깊은 연관이 있을 것 같은데, 좀 더 깊이 들어가 볼 필요가 있을 것 같다.

2장

시조에서 태조 이성계까지

우리 전주 이씨는 전주(全州)에서 대대로 살아왔다 [참고문헌 1]. 우리 시조(始祖)의 휘(諱)는 한(翰)이며, 호는 견성(甄城)이시다. 시조께서는 덕망이 높고 문장이 뛰어나 신라 때 사공(司空)벼슬을 지내시고, 태종무열왕의 10세손이며 군윤(軍尹)벼슬을 하신 김은의(金殷義)의 따님과 결혼하시었고, 대대로 신라에 벼슬을 하시다가, 6세의 휘자 긍휴(兢休)에 이르러 고려 사공(司空)이 되시었다. 여기서 사공(司空)이라는 벼슬은 본래 중국에서 토지와 민사에 관한 일을 맡아보던 중요한 벼슬이었으며(삼공의 하나), 우리나라 신라와 고려에는 명예직으로 삼공의 하나였으며, 조선시대에 호조판서를 사공이라 칭하기도 하였다고 한다. [참고문헌 2]

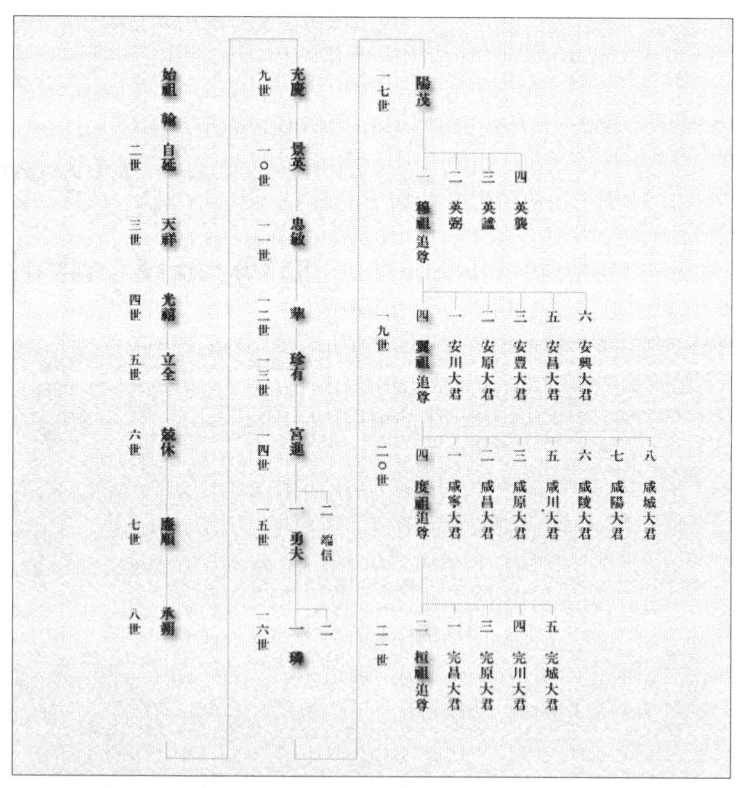

(그림 1) 시조에서 21세 조부까지 가계도

2세 이자연(李自延) 조부는 시중(신라시대 높은 벼슬)이라는 벼슬을 하시었고, 3세 이천상(李天祥) 조부는 신라시대 복야라는 벼슬을 하시었고, 시랑(侍郞)을 지낸 영일 정씨(迎日鄭氏) 정습명(鄭襲明)의 딸을 아내로 맞이하셨다. 4세 이광희(李光禧) 조부는 신라시대 벼슬인 아간을 하시었고, 5세 이입전(李立全) 조부는 신라시대 벼슬인 사도를 맡으셨다. 6세 이긍휴(李兢休) 조부는 신라 멸망 후 고려시대에 사공(司空)이라는 높은 벼슬에 제수되시었다. 7세 이염순(李廉順) 조부는 전주(全州)에 토착해서 향역(鄕役)에 종사하시었으며, 그 직책은 호장(戶長), 장리(長吏)이셨고, 8세 이승삭(李承朔) 조부, 9세 이충경(李充慶) 조부, 10세 이경영(李景英) 조부, 11세 이충민(李忠敏) 조부까지 전주(全州)에서 호장(戶長), 장리(長吏) 직책을 이어 받으셨다. 12세 이화(李華) 조부는 추밀(樞密)라는 중앙정부의 관직을 그리고 대를 이어 13세 이진유(李珍有)조부도 역시 추밀(樞密) 관직을 지내셨다. 14세 이궁진(李宮進) 조부는 한림(翰林)이라는 중앙관직을, 15세 이용부(李勇夫) 조부는 흥무위대장군(고려 벼슬)이라는 장군 벼슬을 지내셨다.

16세 이린(李璘) 조부께서는 내시집주라는 고려 벼슬을 지내셨으며, 시중 문극겸의 딸과 결혼, '고려사' 문극겸전(文克謙傳)에 이린(李隣)으로 나타나는 인물로, 무신난 주도자의 한 사람인 이의방(李義方)의 동생이다. 한편, 문극겸(文克謙)의 사위인 이린(李隣)이 전주 이씨(全州李氏) 16세조, 곧 이성계(李成桂)의 6대조인 이린(李璘)과 같은 인물이라는 것은 '남평문씨세보(南平文氏世譜)'에서도 확인된다고 한다 [참고문헌 2]. 이린(李璘)은 무인집권초기에 형인 이의방(李義方)과 함께 권력을 장악한 소수 무인에 속하였을 것이다. 그의 장인인 문극겸(文克謙)이 무신난 직후에도 문신으로 왕의 측근인 우승선어사중승(右承宣御使中丞)을 역임하였고, 명종3년 김보당(金甫堂)의 무인정권에 대한 반대로 일어난 계사(癸巳)의 난에 많은 문신이 살육 당할 때에도 이의방(李義方)의 두둔으로 무사하였다는 것은 무인정권에서의 이들 형제의 위치를 짐작케 해 준다. 이의방(李義方)은 명종4년 12월 서경(西京)에서 일어난 조위총(趙位寵)의 반란을 진압하는 도중에 정중부의 아들이 보낸 자객에게 살해되었다. 이 때 형인 이준의(李俊義)도 함께 잡혀 죽었고 곧 이어서 태자빈이 되었던 그의 딸도 쫓겨났다. 이의방(李義方)이 피살된 뒤 이린(李璘)의 위치가 어찌되었는지는 알 수 없다.

17세 이양무(李陽茂) 조부께서는 좌우위 중랑장 장군(將軍)으로서, 상장군 이강제의 딸과 결혼을 하셨는데, 얼마 전 남대문 화재로 인한 재건축에 사용될 소나무를 기증된 바 있는 삼척군 미로면 활기리(活耆理)에 있는 준경묘 또는 활기묘의 주인공이시다.

18세 이안사(李安社) 조부께서는 『용비어천가』에 나오는 세종대왕 선대 6룡의 목조(穆祖)에 봉해지신 분으로 함경도 신흥군 가평면 천불산 덕릉(德陵)의 주인이시다. 두만강변의 알동(斡東)으로 이주하시어, 원나라 5천호를 다스리는 5천호소(五千戶所) 장관(다루하치)을 맡으셨다. 김일성 사망을 예언한 풍수지리가 손석우씨의 저서 『터』[참고문헌 3]에서는 다음과 같은 이야기가 요약되어 있다. 「천불산에 묻힌 이안사의 묘의 발복으로 자손의 발복이 한양 땅의 경복궁으로까지 이어진 것이다. 조선왕조 5백년의 뿌리가 된 명혈 중의 명혈이다.」 원래 이안사 조부님은 전주 부사와의 잦은 불화로 전주에서 삼척 미로(未老) 마을로 이사를 가게 되었으며, 삼척지역 안렴사로 오는 전주 부사를 피해서 또다시 삼척에서 함경도 덕원부(德源府)로, 그리고 함경도 경흥, 알동(斡東)으로 이사하여 동북(東北)사람들의 신임을 얻게 되었고, 후에 동북사람들이 많은 심복으로 따르게 되셨다고 한다. 삼척군 미로면 활기리(活耆理)에 있는 준경묘 또는 활기묘에 얽힌 이야기는 다음과 같다.

부친 묘소를 구산 중이었는데, 그 곳을 지나던 늙은 스님과 동자승의 속삭이는 소리 (왕후장상이 나는 터)를 듣고, 재삼 재사 간청하여서 스님으로부터 "백우금관(百牛金棺), 즉 백마리의 소를 산신님께 바치고 황금 관으로 묘를 세우면 4대째 후에 새로운 왕이 날 자리다"라는 말씀을 전해 듣게 된다. 하지만, 산신님께 바칠 소 백마리와 금관을 마련할 형편이 못되므로, 백마리의 소 대신 흰 소, 즉, 백우(白牛) 한 마리와 볏단(황금색)으로 관을 덮어서 모시겠다고 말씀드리고, 산신님께 간절히 기도드렸고, 이 사실을 후대에 비밀리 전승하셨다고 한다. 그 후 4대손인 이성계의 조선 왕조 창업으로 연결된 전승 이야기 이다.

19세 이행리(李行理) 조부께서는 『용비어천가』의 익조(翼祖)에 봉해지신 분이시며, 부인은 최비(崔妃)이시다. 황해도 의주(宜州)로 옮기시어 천호를 다스리는 천호 벼슬을 받으셨다. 등주(登州-안변) 호장(戶長) 최기열(崔基烈)의 딸과 결혼하여 춘(椿-래선(來善))을 낳았다고 전해진다. 이후 등주(登州)를 비롯, 화주(和州)·함주(咸州-함흥)를 왕래하면서 주민을 이주시키고 영향권을 넓히셨다.

20세 이춘(李椿) 조부께서는 『용비어천가』의 도조 (度祖)로 봉해졌으며, 의주에서 함주(咸州)로 옮기시어 천호를 다스리는 천호 벼슬을 받으셨다. 그 이후 손자인 이성계(李成桂)가 고려조에 출사(出仕)하고 조선을 개국하기까지 함주는 집안의 터전이 되었다. 이춘(李椿)은 처음에 알동백호(斡東百戶)의 딸 박씨(朴氏)와 결혼하여 자흥(子興)(-탑사불화(塔思不花), 완창대군(完昌大君)으로 추봉)과 자춘(子春)을 낳고, 뒤에 쌍성총관(雙城摠管)의 딸 조씨(趙氏)와 결혼하여 완자불화(完者不花)와 나해(那海)를 낳았다. 박씨(朴氏) 자녀와 조씨(趙氏) 자녀 사이에 세습분쟁이 있었고, 자흥(子興)의 아들 교주(咬住)가 어렸기 때문에 자춘(子春)이 아버지의 기반을 물려받게 되었다.

21세 이자춘(李子春) 조부께서는 『용비어천가』의 환조(桓祖)로 봉해졌으며, 함경도 경흥리 정릉(定陵)의 주인이시다. 판군기감사(判軍器監事)로 서강병마사(西江兵馬使)를 겸했고, 천우위상장군(千牛衛上將軍)을 거치면서 왜구방어에 공을 세웠다. 공민왕 10년 영록대부판장작감사(榮祿大夫判將作監事)로 삭방도만호(朔方都萬戶) 겸 병마사(兼兵馬使)로 부임, 그곳에서 돌아가셨다.

한편, 시조의 18세(世)는 목조(穆祖)대왕이시고, 휘(諱)는 안사(安社)이시다. 목조께서는 처음에는 전주의 호족(豪族)으로 살았다. 성격이 호방하고 용기와 지략이 남과 달랐다. 그러나 새로 부임해온 지주사(知州事)의 탐욕과 포악함을 규탄하니 보복하려 하므로 이를 피하여 강원도 삼척으로 이주하였으나, 그 지주사가 안렴사(按廉使)가 되어 온다는 소문을 듣고 이를 꺼려 다시 함경도 덕원(德源)으로 이주하셨다. 그러나, 철령 이북은 원(元)의 영토인 쌍성총관부(雙城摠管府)에 소속되므로 목조께서 원나라로 남경(南京) 5천호소(五千戶所)의 장관(다루하치)벼슬을 하셨다. 그리고 아들의 휘자 행리(行里) 익조(翼 祖), 손자의 휘자 춘(椿) 도조(度祖), 증손의 휘자 자춘(子春) 환조(桓祖)가 모두 천호(千戶)의 벼슬을 세습하셨다. 21세(世) 환조(桓祖)는 공민왕 때 쌍성수복에 큰 공을 세워 대중대부사복경(大中大 夫司僕卿)이 되고 영록대부판장작감사(榮 祿大夫判將作監事) 삭방도만호(朔方道萬戶) 겸 병마사(兵馬使)를 지내셨다. 환조께서 승하하신 후 고려조에서는 문하시중(門下 侍中)벼슬을 주었다.

환조의 아들이신 태조(太祖)께서 고려의 어지러운 국정을 바로잡고 민심을 수습하여 좌시중(左侍中) 배극렴 등의 추대를 받아 춘추 58세에 개성 수창궁(壽昌宮)에서 왕위에 오르셨다. 국호를 조선(朝鮮)이라 했으며, 우리 전주이씨의 중시조이시다. 태조께서 등극하시어 위로 고조까지 추존하여 대왕으로 높임으로써, 시조(始祖)로 부터 17세 장군공 양무(陽茂)까지는 선원선계 (璿源先系)라 하고, 목조(穆祖)부터 순종황제까지의 왕통계(王統系)는 선원세계(璿源 世系) 또는 선원본계(璿源本系)라고 한다. 그리고, 목조 5왕자로부터 역대왕자(대군, 군)파를 선원파계(璿源派系) 또는 선원속계(璿源續系)라고 한다.

분파된 계통을 살펴보면 목조이전까지 갈라진 파로는 시조의 14世 궁진의 차남인 단신(端信)의 시중공파(侍中公派)와 15世 용부의 차남 거의 평장사공파(平章事公派)와 17世 장군공 양무 3남 영습(英襲)을 파조 (派祖)로 하는 주부동정파(主簿同正派) 등 3파가 있고, 목조, 익조, 도조, 환조 4대 자손으로 18파가 있으며, 태조(太祖) 이후 장조 (莊祖)의 3왕자군까지 모두 125파가 있었으나, 자손이 없는 왕자에 출계관계로 두 파가 한 파로 되는 경우가 있어 사실상 그 수는 줄어 현재는 105파로 분리되고 종약원에 등록된 파종회는 89개 파로 파악되고 있다. 본관(本貫)의 유래는 시조(始祖) 사공공(司空公)의 조경단(肇慶檀)과 경기전(慶基殿)이 전주(全州)에 있고, 시조로부터 18世인 목조에 이르기까지 대대로 전주의 호족으로 살았기 때문에 우리 본관을 완산(完山) 또는 전주(全州)로 하게 된 것이다.

지금까지 내용을 사진등과 같이 요약정리하면 다음과 같다.

시조(43대 조부) **李翰 이한** (벼슬: 신라 司空(사공)=높은 벼슬): 조경단(肇慶檀)

* 태종무열왕의 10세손 군윤 김은의의 딸과 결혼

* 사공(司空) 벼슬: 사공은 본래 중국에서 토지와 민사에 관한 일을 맡아보던 중요한 벼슬이었으며(삼공의 하나), 고려시대에 명예직으로 삼공의 하나였으며 조선시대에 호조판서를 사공이라 칭하기도 하였다.

조경단 사진. 전북 전주시 덕진구 덕진동 1가 산28, 출처: 참고문헌 1

제2세(42대 조부) **李自延 이자연**

* 시중(신라시대 높은 벼슬, 진흥왕까지는 상대등이 수상이었고, 삼국통일 이후에는 시중이 수상임)

제3세(41대 조부) **李天祥 이천상**

* 복야(신라시대 벼슬), 시랑(侍郎)을 지낸 영일 정씨(迎日鄭氏) 정습명(鄭襲明)의 딸을 아내로 맞이하셨다.

제4세(40대 조부) **李光禧 이광희**

* 아간(신라시대 벼슬)

제5세(39대 조부) **李立全 이입전**

* 사도(신라시대 벼슬)

제6세(38대 조부) **李兢休 이긍휴**

* 사공(고려시대 높은 벼슬)

제7세(37대 조부) **李廉順 이염순**

* 전주(全州)에 토착해서 향역(鄕役)에 종사/직책은 호장(戶長), 장리(長吏)

제8세(36대 조부) **李承朔 이승삭**

* 전주(全州)에 토착해서 향역(鄕役)에 종사/직책은 호장(戶長), 장리(長吏)

제9세(35대 조부) **李充慶 이충경**

* 전주(全州)에 토착해서 향역(鄕役)에 종사/직책은 호장(戶長), 장리(長吏)

제10세(34대 조부) **李景英 이경영**

* 전주(全州)에 토착해서 향역(鄕役)에 종사/직책은 호장(戶長), 장리(長吏)

제11세(33대 조부) **李忠敏 이충민**

* 전주(全州)에 토착해서 향역(鄕役)에 종사/직책은 호장(戶長), 장리(長吏)

제12세(32대 조부) **李 華 이 화**

* 추밀(樞密)을 지내 중앙정부의 관직

제13세(31대 조부) **李珍有 이진유**

* 추밀(樞密)을 지내 중앙정부의 관직

제14세(30대 조부) **李宮進 이궁진**

* 한림(翰林) 중앙관직

제15세(29대 조부) **李勇夫 이용부**

* 흥무위대장군(고려 벼슬)

제16세(28대 조부) **李 璘 이 린**

* 내시집주(고려 벼슬) - 시중 문극겸의 딸과 결혼,

'고려사' 문극겸전(文克謙傳)에 이린(李隣)으로 나타나는 인물로, 무신난 주도자의 한 사람인 이의방(李義方)의 동생이다. 문극겸(文克謙)의 사위인 이린(李隣)이 전주 이씨(全州李氏) 16세조, 곧 이성계(李成桂)의 6대조인 이린(李璘)과 같은 인물이라는 것은 '남평문씨세보(南平文氏世譜)'에서도 확인되었으며, 이린(李璘)은 무인집권초기에 형인 이의방(李義方)과 함께 권력을 장악한 소수 무인에 속하였을 것이다. 그의 장인인 문극겸(文克謙)이 무신난 직후에도 문신으로 왕의 측근인 우승선어사중승(右承宣御使中丞)을 역임하였고, 명종3년 김보당(金甫堂)의 무인정권에 대한 반대로 일어난 계사(癸巳)의 난에 많은 문신이 살육 당할 때에도 이의방(李義方)의 두둔으로 무사하였다는 것은 무인정권에서의 이들 형제의 위치를 짐작케 해 준다. 이의방(李義方)은 명종4년 12월 서경(西京)에서 일어난 조위총(趙位寵)의 반란을 진압하는 도중에 정중부의 아들이 보낸 자객에게 살해되었다.

이 때 형인 이준의(李俊義)도 함께 잡혀 죽었고 곧 이어서 태자빈이 되었던 그의 딸도 쫓겨났다. 이의방(李義方)이 피살된 뒤 이린(李璘)의 위치가 어찌되었는지는 알 수 없다.

강원도 삼척군 활기리 준경묘 전경, 출처 : 청권사

제17세(27대 조부) **李陽茂 이양무**

* 좌우위 중랑장/장군(將軍) - 상장군 이강제의 딸과 결혼하셨고, 삼척군 미로면 활기리(活耆理)에 있는 준경묘 또는 활기묘의 주인공이시다.

16세 인공의 아들로 이름은 양무이며, 벼슬은 장군(將軍)을 지냈다. 배위는 상장군(上將軍)을 지낸 이강제(李康濟)의 딸이다. 전주에 살다가 아들인 목조대왕(穆祖大王)의 삼척 이주(三陟移住) 때 삼척 활기리(活耆里) 로 옮겨왔고, 거기에서 1231년(고려 고종 18) 별세하여 현 강원도 삼척시 미로면 활기리 노동(蘆洞) 신좌을향(辛坐乙向) 준경묘(濬慶墓)에 모셔져 있다. 배위 이씨도 강원도 삼척시 미로면 동산리(東山里) 묘좌유향(卯坐酉向) 영경묘(永慶墓)에 모셔져 있다.

1899년(광무 3) 4월 16일 고종황제가 준경묘·영경묘라고 묘소에 존호(尊號)를 올리고 양쪽에 묘비와 음기(陰記)를 고종황제가 친히 지었다. 그 내용은 간추려 보면 다음과 같다. 조선조 개국 초에 삼척군을 삼척부로 승격시키고 금관(金冠)과 옥대(玉帶)를 삼척 원에게 하사하고 도백(道伯)에게 명하여 해마다 두 묘소를 보살피게 했으나 점점 폐허화되어 선조 때 정철(鄭澈: 1536~1593)이 강원 감사로 있을 때 산소의 지도까지 그려 올려 수축하기를 요청한 일이 있다. 그 뒤 다시 수축하고 대대로 산소의 수호와 벌목의 금지 등 보호에 애써 왔다. 그러다가 1899년에 고종황제가 재상 리중하(李重夏)를 파견하여 묘소를 재정화하고 구역을 확정하고 비를 세우고 내력을 음기로 새기게 하였다. 이로 보면 1899년부터 준경묘·영경묘라 추존되고 대대적으로 수축해 오늘의 모습이 갖추어진 것으로 여겨진다. 현재 이 곳 사람들은 이 두 묘를 능이라고 부르며 백우 금관(白牛金棺) 설화가 전해진다. (앞쪽 소개 참조)

태조 이성계(太祖李成桂) 제5대 조부모 양무장군(陽茂將軍) 내·외 양위묘

양무(陽茂)장군은 16세 인공의 아들로 이름은 양무(생몰: ?~1231)이며, 벼슬은 장군(將軍)을 지냈다. 전주에 살다가 아들인 목조대왕의 삼척 이주 때 삼척 활기리(活耆里)로 옮겨 왔고, 그곳에서 1231년(고려 고종 18) 별세하여 현 강원도 삼척시 미로면 활기리 노동(蘆洞)산 149번지의 신좌을향(辛坐乙向) 준경묘(濬慶墓)에 모셔져 있다.

배위는 상장군(上將軍)을 지낸 이강제(李康濟)의 딸로, 강원도 삼척시 미로면 동산 하사전리 산 53번지의 묘좌유향(卯坐酉向) 영경묘(永慶墓)에 모셔져 있다.

1899년에 두 무덤을 수축하여 제각·비각을 건축하였다. 묘소 일대는 울창한 송림이 원시림 상태로 우거져 있는데, 특히 이곳 송림은 황장목이라 하며 경복궁 중수 때 자재로 사용하였다. 전주 이씨 실묘로는 남한에서 최고 시조묘이며, 해마다 4월 20일 전주 이씨 문중 주관으로 제례를 지낸다. 강원도 기념물로 지정된 뒤 1984년 8월에 삼척군(지금의 삼척시)에서 제각·비각·재실·홍살문 등을 일제히 보수하였다.

목조가 한 도승의 묘에 관한 예언대로 백우금관(百牛金棺)에 부모를 안장한 이후 5대에 이르러 조선(朝鮮)을 창업하게 되었다는 전설이 전해진다.

준·영경묘 재실(齋室)

명당풍수관산 47

다음은 이대호("명당풍수와 조경수목", 일진사, 2006년)[참고문헌 5]에 소개된 준경묘의 내용이다.

第18세(26대 조부) **李安社 이안사**(穆祖-용비어천가 목조) ==〉 함경도 신흥군 가평면 천불산 덕릉(德陵)

* 원나라 벼슬 5천호소(五千戶所) 장관(다루하치) - 5천호를 다스리는 벼슬(두만강변의 알동 斡東))

다음 내용은 위키백과 [참고문헌 4] 인물검색 사이트에 나타난 이안사 할아버지에 대한 내용이다.

● 목조(穆祖, 미상~1274년)는 조선시대 추존왕이자 익조(翼祖)의 아버지이다. 휘(諱)는 이안사(李安社)이다.

● 생애: 처음에 전주에 살았는데, 산성 별감(山城 別監)과 갈등을 빚고 삼척으로 이주하여 왜구와 원의 침략을 막았다. 산성 별감이 안찰사로 임명되어 오자 다시 의주(宜州, 현재 원산)로 이주하였다. 조정에서 그를 의주 병마사로 삼아 원의 침략을 막게 했는데, 1254년 원의 산길(散吉)이 항복을 몇 번씩 청해 오자 항복하였고, 개원로(開元路) 남경(南京)의 알동(斡洞)으로 이주하였으며, 1255년 알동천호소의 우두머리 천호(千戶) 겸 다루가치(達魯花赤)로 임명되었다. 1274년 죽으니 아들 이행리가 관직을 이어받았다. 1392년 7월 28일 조선 태조에 의해 목왕(穆王)에 추봉되었다가 1411년 4월 22일 태종에 의해 목조(穆祖) 인문성목대왕(仁文聖穆大王)에 재추봉되었다. 능은 덕릉(德陵)으로 함경남도 영광군에 있다.

● 가계

관계	호칭
조부	내시 집주(內侍 執奏) 이린(李隣)
조모	문씨(文氏), 문극겸(文克謙)의 딸
부친	대장군(大將軍) 이양무(李陽武)
모친	이씨(李氏), 이강제(李康濟)의 딸
자손	효공왕후 이씨(李氏) 안천대군(安川大君) 이어선(李於仙) 안원대군(安原大君) 이진(李珍) 안풍대군(安豊大君) 이정(李精) 익조대왕(翼祖大王) 이행리(李行里) 안창대군(安昌大君) 이매불(李梅拂) 안흥대군(安興大君) 이구수(李球壽)

제19세(25대 조부) **李行理 이행리** (翼祖-용비어천가 익조) - 부인 최비(崔妃)

* 원나라 벼슬 천호 - 천호를 다스리는 벼슬(황해도 의주(宜州))

* 등주(登州-안변) 호장(戶長) 최기열(崔基烈)의 딸과 결혼하여 춘(椿-래선(來善))을 낳았다. 그리고 그는 등주(登州)를 비롯, 화주(和州)·함주(咸州-함흥)를 왕래하면서 주민을 이주시키고 영향권을 넓혀갔다.

다음 내용은 위키백과 [참고문헌 4] 인물검색 사이트에 나타난 이행리 할아버지에 대한 내용이다.

- 익조(翼祖)는 조선시대 추존왕이자 도조(度祖)의 아버지, 환조(桓祖)의 조부, 태조(太祖)의 증조부이다. 이름은 이행리(李行里)이다.
- 생애: 1275년 아버지인 이안사(李安社)의 천호(千戶) 관직을 계승했다. 1290년 의주(宜州)로 이주하여 쌍성총관부 등지의 다루가치가 되었다. 조선 개국 이후 손자인 태조에 의해 익왕(翼王)으로 추봉되었다가 증손자인 태종 때 익조(翼祖) 강혜성익대왕(康惠聖度大王)으로 재추봉되었다. 능(陵)은 함경남도 안변군에 위치한 지릉(智陵)으로 아내인 정숙왕후(貞淑王后) 최씨(崔氏)의 능(陵)인 숙릉(淑陵)은 함경남도 문천군에 위치해 있다.

- 가계

관계	호칭
조부	대장군(大將軍) 이양무(李陽武)
조모	이씨(李氏), 이강제(李康濟)의 딸
부친	목조(穆祖) 인문성목대왕(仁文聖穆大王)

모친	효공왕후(孝恭王后) 이씨(李氏)
형제	- 효공왕후 이씨(李氏) 안천대군(安川大君) 이어선(李於仙) 안원대군(安原大君) 이진(李珍) 안풍대군(安豊大君) 이정(李精) 안창대군(安昌大君) 이매불(李梅拂) 안흥대군(安興大君) 이구수(李球壽)
자손	- 전처 손씨(孫氏) 함녕대군(咸寧大君) 이안(李安) 또는 이규수(李嬀水) 함창대군(咸昌大君) 이장(李長) 또는 이복(李福) 정숙왕후(貞淑王后) 최씨(崔氏) 함원대군(咸原大君) 이송(李松) 도조대왕(度祖大王) 이춘(李椿) 함천대군(咸川大君) 이원(李源) 함릉대군(咸陵大君) 이고태(李古泰) 함양대군(咸陽大君) 이전(李腆) 함성대군(咸城大君) 이응거(李應巨)

제20세(24대 조부) **李 椿 이 춘** (度祖-용비어천가 도조)

* 원나라 벼슬 천호 - 천호를 다스리는 벼슬

* 이춘(李椿) 대에 의주에서 함주(咸州)로 옮겨갔다. 그 후 그의 손자인 이성계(李成桂)가 고려조에 출사(出仕)하고 조선을 개국하기까지 이곳은 이 집안의 터전이 되었다. 이춘(李椿)은 처음에 알동백호(斡東百戶)의 딸 박씨(朴氏)와 결혼하여 자흥(子興)(-탑사불화(塔思不花), 완창대군(完昌大君)으로 추봉)과 자춘(子春)을 낳고, 뒤에 쌍성총관(雙城摠管)의 딸 조씨(趙氏)와 결혼하여 완자불화(完者不花)와 나해(那海)를 낳았다. 박씨(朴氏) 자녀와 조씨(趙氏) 자녀 사이에 세습분쟁이 있었

고, 자흥(子興)의 아들 교주(咬住)가 어렸기 때문에 자춘(子春)이 아버지의 기반을 물려받게 되었다.

다음 내용은 위키백과 [참고문헌 4] 인물검색 사이트에 나타난 이춘 할아버지에 대한 내용이다.

- 도조(度祖, 출생년도 미상~1342년)는 조선시대 추존왕이자 환조(桓祖)의 아버지, 태조(太祖)의 조부이다. 이름은 이춘(李椿)이며 아명은 선래(善來), 몽골식 이름은 발안첩목아(孛顔帖木兒)이다.
- 생애: 원나라로부터 아버지인 이행리(李行里)의 천호(千戶) 관직 계승과 함께 발안첩목아(勃顔帖木兒)라는 몽골식 이름을 받았다. 처음에 박씨(朴氏)와 결혼하여 이자흥(李子興)과 이자춘(李子春)을 낳았으나, 얼마 후 박씨가 죽자 쌍성총관(雙城總管)의 딸인 조씨(趙氏)와 재혼하고 집을 의주에서 화주(和州, 함흥)로 옮겼다. 화주로 옮긴 것은 농업과 목축에 편리한 점도 있으나 후처인 조씨가 조휘(趙暉)의 손녀이므로 처가의 정치세력을 이용하려는 목적도 있었다. 그러나 이것은 훗날 이자춘과 조씨의 소생들 사이에 후계자 쟁탈전을 일으키는 계기가 되었다. 조선 개국 이후 손자인 태조에 의해 도왕(度王)으로 추봉되었다가 증손자인 태종 때 도조(度祖) 공의성도대왕(恭毅聖度大王)으로 재추봉되었다. 능(陵)은 함경남도 함흥시에 위치한 의릉(義陵)으로 아내인 경순왕후(敬順王后) 박씨(朴氏)의 능(陵)인 순릉(純陵)은 함경남도 흥남시에 위치해 있다.
- 설화: 조선왕조실록에 실려 있는 설화에 의하면, 어느 날 도조의 꿈에 백룡이 나타나 "나의 거처를 빼앗으려 하는 흑룡을 몰아내 주십

시오." 하며 부탁하였다. 도조는 이를 예사 꿈으로 여기고 관심을 두지 않았는데, 얼마 후 꿈에 다시 백룡이 나타나 "공은 어찌 내 말을 생각하지 않습니까?" 하며 와야 할 날짜까지 제시하였다. 이상하게 여긴 도조는 기일에 활과 화살을 들고 약속한 곳으로 갔는데, 그 곳의 못 위에서 백룡과 흑룡이 한참 싸우고 있었다. 도조가 활으로 흑룡을 쏘아 맞히니 흑룡은 못으로 떨어졌다. 뒤에 꿈을 꾸었는데, 백룡은 "장차 자손 중에 큰 경사가 있을 것입니다." 하였다.

● 가계

관계	호칭
증조부	대장군(大將軍) 이양무(李陽武)
증조모	이씨(李氏), 이강제(李康濟)의 딸
조부	목조(穆祖) 인문성목대왕(仁文聖穆大王)
조모	효공왕후(孝恭王后) 이씨(李氏)
부친	익조(翼祖) 강혜성익대왕(康惠聖翼大王)
모친	정숙왕후(貞淑王后) 최씨(崔氏)
형제	- 손씨(孫氏) 함녕대군(咸寧大君) 이안(李安) 또는 이규수(李嬀水) 함창대군(咸昌大君) 이장(李長) 또는 이복(李福) - 정숙왕후(貞淑王后) 최씨(崔氏) 함원대군(咸原大君) 이송(李松) 함천대군(咸川大君) 이원(李源) 함릉대군(咸陵大君) 이고태(李古泰) 함양대군(咸陽大君) 이전(李腆) 함성대군(咸城大君) 이응거(李應巨)

자손	- 경순왕후(敬順王后) 박씨(朴氏) 완창대군(完昌大君) 이자흥(李子興), 이탑사불화(李塔思不花) - 대군부인(大君夫人) 박씨(朴氏) 이교주(李咬住) 환조대왕(桓祖大王) 이자춘 (李子春) 완원대군(完原大君) 이자선(李子宣) 완천대군(完川大君) 이평(李平) 완성대군(完城大君) 이종(李宗) 문혜공주(文惠公主) / 대장군(大將軍) 문인영(文仁永)에게 하가(下家) 문숙공주(文淑公主) / 다루가치(達魯花赤) 김방괘(金方卦)에게 하가(下家) 문의공주(文懿公主) / 허중(許重)에게 하가(下家) - 후처 조씨(趙氏) 이완자불화(李完者不花) 이지(李枝), 조선때 영돈녕부사 역임 이나해(李那海)

제21세(23대 조부) **李子春 이자춘** (桓祖-용비어천가 환조) ==〉 함경도 경흥리 정릉(定陵)

* 판군기감사(判軍器監事)로 서강병마사(西江兵馬使)를 겸했고, 천우위상장군(千牛衛上將軍)을 거치면서 왜구방어에 공을 세웠다. 공민왕 10년 영록대부판장작감사(榮祿大夫判將作監事)로 삭방도만호(朔方都萬戶) 겸 병마사(兼兵馬使)로 부임, 그곳에서 돌아가셨다.

다음 내용은 위키백과 [참고문헌 4] 인물검색 사이트에 나타난 이자춘 할아버지에 대한 내용이다.

● 환조(桓祖, 1315년~1361년)는 조선시대 추존왕이자 태조(太祖)의 아버지로 본관은 전주(全州)이며 이름은 이자춘(李子春), 몽골식 이름은 오로사불화(吾魯思不花)이다.

● 생애: 아버지 이춘(李椿)의 사후 형인 이자흥(李自興)마저 연이어 사망하자 어린 조카인 이교주(李咬住)를 대신하여 원나라의 천호(千戶)를 세습받아 재직하였고 원나라의 후원에 힘입어 부원세력(附元勢力)인 이복동생의 외척, 조씨(趙氏)가문과의 대결에서 승리하고 승진(쌍성총관부 만호 관리)하였으나 그뒤 원나라의 정책에 의하여 타격을 받게 됨에 따라 점차 원나라에 대하여 회의를 느끼게 되었다. 당시 황실은 라마교에 빠져 흥청망청거리고 있었으며, 귀족들은 분열되고, 반란이 더욱 가속화되고 있었다. 이때 대륙에서 원,명교체기에 원나라의 세력이 약화된 것을 기회로 반원(反元)정책을 추진하던 공민왕은 동북면의 쌍성총관부(雙城摠管府)와 연결되어 있는 친원사대파(親元事大派)인 기씨(奇氏)세력을 제거하기 위하여 이 지역에 유이민을 기반으로 세력을 형성하고 있는 이자춘를 끌어들일 필요성을 느끼고 있었다. 이를 알아차린 이자춘은 자신의 세력기반을 유지하기 위하여 1355년, 고려에 투항하여 소부윤(少府尹)의 관직에 제수되었다. 이듬해 유인우(柳仁雨)와 더불어 동북면을 협공하게 하여 쉽게 이 지역을 점령하여 원의 간섭기 이래 빼앗겼던 동북영토를 99년 만에 회수하였다. 이로써 그는 공민왕의 반원정책에 가세하여 뿌리깊게 대립하였던 조씨세력을 제거하게 되었다. 또한 이때의 전공으로 대중대부사복경(大中大夫司僕卿)이 되어 저택이 하사되었고 오랫동안 그의 기반이었던 동북면을 떠나 개경에 머물게 되었다. 이후 개경에 머무른 지 1년 만에 그가 동북면으로 돌아가려하자 그곳의 토착기반을 이용하여 고려

의 조정을 배반할 것임을 들어 그의 동북면 귀환을 대신들이 반대하였으나 공민왕은 그가 아니면 동북면을 안정시킬 수 없다고 판단하여 삭방도만호 겸 병마사(朔方道萬戶兼兵馬使)로 임명하여 그는 다시 영흥으로 돌아갈 수 있었고 4년 뒤인 1361년에 그곳에서 사망하였다. 사후 문하시중에 증직되었고 조선 건국 후 아들인 태조에 의해 환왕(桓王)으로 추존되었다가 손자인 태종 때 다시금 환조(桓祖) 연무성환대왕(淵武聖桓大王)으로 추존되었다.능(陵)은 함경남도 함흥시에 위치한 정릉(定陵)으로 아내인 의혜왕후(懿惠王后)의 화릉(和陵)도 같은 묘역에 위치해 있다.

● 가계

관계	호칭
증조부	목조(穆祖) 인문성목대왕(仁文聖穆大王)
증조모	효공왕후(孝恭王后) 이씨(李氏)
조부	익조(翼祖) 강혜성익대왕(康惠聖翼大王)
조모	정숙왕후(貞淑王后) 최씨(崔氏)
부친	도조(度祖) 공의성도대왕(恭毅聖度大王)
모친	경순왕후(敬順王后) 박씨(朴氏)
형제	형 완창대군(完昌大君) 이자흥(李子興), 이탑사불화(李塔思不花) / 대군부인(大君夫人) 박씨(朴氏) 이교주(李咬住) 혹은 이천계(李天桂) 동생 완원대군(完原大君) 이자선(李子宣) 동생 완천대군(完川大君) 이평(李平) 문혜공주(文惠公主) / 대장군(大將軍) 문인영(文仁永)에게 하가(下家) 문숙공주(文淑公主) / 다루가치(達魯花赤) 김방괘(金方卦)에게 하가(下家) 문의공주(文懿公主) / 허중(許重)에게 하가(下家)

자손	- 의혜왕후 최씨(懿惠王后 崔氏) 태조 이성계(太祖 李成桂) 정화공주(貞和公主) / 삼사좌사(三司左使) 용원부원군(龍原府院君) 조인벽(趙仁璧)에게 하가(下家) - 후궁 이씨(李氏) 완풍군(完豊君) 이원계(李元桂) - 정빈 김씨(定嬪金氏) 의안대군 이화(義安大君 李和)
이복동생	이복동생 : 이완자불화(李完者不花) / 도조의 후궁 조씨(趙氏) 소생 이복동생 : 이나해(李那海) / 도조의 후궁 조씨(趙氏) 소생
조카	이지(李枝) / 조선 개국 이후 영돈녕부사 역임, 이완자불화(李完者不花)의 아들

3장

태조에서 효령대군까지

조선 태조 이성계 할아버지는 아버지 이자춘으로부터 활기묘의 이야기를 전해 듣고 왕이될 꿈을 꾸게 되었으며 [참고문헌 3], 또한 무학대사로부터 임금이 될 재목이라는 꿈 해몽을 전수 받았다고 하신다. 글자를 이용한 점괘에서 물을 문(問)자를 짚었을 때, '좌로 보아도 君이요, 우로 보아도 君'이라는 파자 풀이를 듣게 되었다는 설이 있으며, 서까래 3개를 등에 지고 가는 꿈에 대해서도 '王'이라는 글자로 꿈 해몽에 감복을 했다고 한다. 이에 따라서 계룡산 신원사 위쪽 산기슭에 제단을 마련하고 전국을 다니면서 산신제를 지내셨다. 또한 경남 남해 금산(錦山)에서 산신제를 지내시면서 '왕이 되면 산을 비단으로 입히겠다'고 산신께 약속을 하신 바 후에 왕이 되시고 이 약속을 지키기 위해서 중국으로 부터 비단 수만 필을 구입하려는데, 정도전(개국공신 1등)이 이러한 사실을 알고는 영원토록 산의 이름을 비단 금자로 갖도록 금산(錦山)으로 개칭하는 것이 좋겠다고 해서, 이 말을 따르게 되었다고 한다.

제22세(22대 조부) **李成桂 이성계** (조선 태조)

|---> 제1자 진안대군=이방우 (신의왕후 한씨 소생)
|---> 제2자 영안대군=이방과(정종) (신의왕후 한씨 소생)
|---> 제3자 익안대군=이방의 (신의왕후 한씨 소생)
|---> 제4자 회안대군=이방간 (신의왕후 한씨 소생)
|---> **제5자 정안대군=이방원 (태종)** (신의왕후 한씨 소생)
|---> 제6자 덕안대군=이방연 (신의왕후 한씨 소생)
|---> 제7자 무안대군=이방번 (신덕왕후 강씨 소생)
|---> 제8자 의안대군=이방석 (신덕왕후 강씨 소생)

다음 내용은 위키백과 [참고문헌 4] 인물검색 사이트에 나타난 태조 이성계 할아버지에 대한 내용이다.

- 조선 태조(太祖, 1335년 음력 10월 11일 ~ 1408년 음력 5월 24일, 재위 1392년 음력 7월 16일 ~ 1398년 음력 9월 5일)는 고려 말의 무신이자 조선의 초대 왕이다. 성(姓)은 이(李), 본관은 전주, 휘는 단(旦), 초명은 성계(成桂), 초자는 중결(仲潔), 자는 군진(君晋), 호는 송헌(松軒)이며 몽골식 이름은 아기바토르(阿其拔都)이다. 사후 시호는 태조강헌지인계운성문신무대왕(太祖康獻至仁啓運聖文神武大王)이며 이후 존호를 더하고 대한제국 때 명나라에서 내린 시호 강헌(康獻)을 폐지하고 고황제(高皇帝)로 추존하여 정식 시호는 태조지인계운응천조통광훈영명성문신무정의광덕고황제(太祖至仁啓運應天肇統廣勳永命聖文神武正義光德高皇帝)이다. 재위 기간은 6년 2개월이며, 상왕위(上王位)에는 약 10년 동안 있었다. 향년은 74세이고 능은 양주(楊州)에 있는 건원릉(健元陵)이다.

- 유년기: 1335년 음력 10월 11일 원나라 쌍성총관부에 속해있던 함경도 영흥 흑석리에서 환조 이자춘과 의혜왕후 최씨의 적자로 태어났다. 어느 날 당시 쌍성총관부 만호 관리를 지내던 이자춘이 꿈을 꾸었는데, 꿈 속에서 하늘에서 오색 구름을 타고 선녀가 내려왔다. 그 선녀는 이자춘에게 절을 하고 "천계에서 그대에게 내리는 것이니, 장차 이것을 동쪽 나라를 측량할 때 쓰십시오."라며 소매 속에서 침척(바느질에 사용하는 자)을 꺼내 바쳤다. 이자춘이 그 자를 받은 뒤에 부인 최씨는 임신을 하였고, 13개월 만에 아들을 낳았는데, 얼굴은 용

과 같았고, 눈은 봉황처럼 부리부리했다고 한다. 그 아기가 바로 이성계이다. 고려의 무신(武臣) 가문 출신인 이성계는 어릴 때부터 영웅의 기질을 타고나서 말을 잘 타고 활을 잘 쏘며, 용맹하기가 그지없어서 전쟁터에서 수많은 전공을 세웠다. 특히 활을 잘 쏘아서 '신궁(神弓)'이라는 별명이 붙을 정도로 천하의 명궁으로 알려졌다. 훗날 그의 눈부신 활약상에 관해서는 여러 영웅담이 전설처럼 전해지고 있으며, 이성계는 30여 년 동안 전장에 나아가 단 한 번도 패하지 않았다고 알려져 있다.

- 원나라와 홍건적 격퇴: 1356년(공민왕 5년) 유인우가 공민왕의 명을 받들어 쌍성총관부를 공격할 때 아버지와 함께 공을 세웠고, 1361년에 상만호(上萬戶)가 되어 고려의 함주 지방(함경도 지역)의 경비를 맡았다. 1361년 음력 10월에 고려 정부의 명령을 받고 출동하여 독로강 만호(禿魯江萬戶) 박의(朴儀)의 반란을 평정하였으며, 같은 달에 다시 압록강의 결빙을 이용하여 홍건적이 10만 대군을 이끌고 고려의 영내에 침입하여 삽시간에 수도가 함락되자 이성계는 휘하의 고려인 및 여진족으로 구성된 강력한 친병 조직 2,000명을 거느리고 수도 탈환 작전에 참가하였다. 1362년 그는 선봉에 서서 말을 탄 채 장수만 골라 쏘는 맹공을 펼쳐 마침내 홍건적의 괴수 사유(沙劉)와 관선생(關先生)까지 참살하고 수도에 제일 먼저 입성해 탈환하는 큰 전공을 세워 두각을 나타냈다. 1362년 심양행성 승상(審陽行省丞相)을 자처한 원나라 장수 나하추 (納哈出)가 수만 명의 군대를 이끌고 함경도 홍원 지방으로 쳐들어와 기세를 올리자, 고려 정부에서는 이성계를 동북면 병마사(東北面兵馬使)로 삼아 적을 막게 하였다. 여러 차례

의 격전 끝에 마침내 함흥 평야에서 원나라 군대를 격퇴시켜 명성을 크게 떨쳤다. 적장인 나하추마저 이성계의 뛰어난 용맹과 탁월한 군사적 재능에 감탄하며 깊이 존경할 정도였다. 1364년 원나라에 있던 최유(崔濡)가 공민왕을 몰아내고 덕흥군(德興君)을 세우려고 압록강을 넘어 침입하자 이를 막았고, 함주를 침공한 김삼선(金三善)·김삼개(金三介) 형제를 격퇴하여 밀직부사(密直副使)에 임명되었으며, 1370년 요동에 있는 원나라 동녕부(東寧府)를 원정하여 공을 세웠다.

- 왜구 격퇴: 고려 말기에는 왜구의 약탈 또한 빈번하여, 고려를 괴롭혔다. 이처럼 왜구의 폐해가 극심해지자 고려 정부에서는 군대를 파견하여 제압하려고 하였으나 번번이 실패하였다. 마침 1380년 이키 섬 출신 아키바츠(阿只拔都)라고 하는 소년이 왜구를 이끌고 고려를 침공하여 지리산 일대를 약탈하며 북진을 하자 이성계는 삼도 도원수(三道都元帥)로 임명되어 군대를 이끌고 출전하였다. 전라도 운봉에 도착한 이성계는 운봉을 넘다가 길 오른쪽의 험한 길을 보고 "적이 반드시 이 길로 우리를 갑자기 습격하려 올 것이니, 우리도 이 길로 들어가야 한다"라고 말하고는 험한 곳에 들어갔는데, 과연 이성계의 예측대로 왜구가 습격해 왔다. 이에 이성계는 화살 70여 발을 쏘아 모두 얼굴을 맞히니, 왜구들이 활시위 소리를 따라 모두 쓰러졌다. 마침내 이성계의 군대가 황산에 진을 치고 왜구와 대치하게 되었다. 아키바츠는 고려군이 토벌에 나선 것을 알았지만 자신의 힘만을 믿고 교만을 부리다가 이성계가 쏜 화살에 맞아 죽었다. 이에 왜구의 기세는 크게 꺾여져서 물러났다. 당시 이성계는 아키바츠의 투구를 활로 쏘아 맞히어 벗긴 뒤 벗겨진 이마를 향해 다시 활을 쏘아 죽였다고 한

다. 일설에는 화살 두 대를 연사하여 투구가 벗겨지자마자 다시 화살이 날아들어 맞아 죽었다고도 한다. 이에 왜구의 사기는 땅에 떨어졌고, 고려군의 공격은 더욱 맹렬해져서 왜구의 정예부대가 모두 죽었다. 기록에 따르면 "죽임을 당하는 왜구의 곡성이 마치 만 마리의 소의 울음소리 같았고, 냇물이 모두 그들의 피로 붉게 물들었다."라고 한다. 이 전투를 '황산대첩(荒山大捷)'이라고 한다. 이때 이색, 김구용, 권근이 시를 지어 승리를 하례하였다. 이렇듯 고려 말기의 여러 가지 혼란스러운 상황은 이성계를 변방의 무명 장수에서 일약 고려 제일의 장수이자 영웅으로 만들었다. 계속되는 승전은 이성계의 무장으로서의 진가를 확실하게 보여주어 고려 내에서 입지를 굳히게 만들었다. 백성들의 신망을 받게 되었고, 그에 따라 벼슬도 올라갔다. 군사력을 갖춘 신망받는 이성계에게는 자연히 신진 사대부들이 몰려들었다.

- 위화도 회군: 최영과 협력하여 이인임 일당의 전횡을 제거하고 수문하시중(守門下侍中)에 이르렀다. 우왕 때(1388년) 우군 도통사(右軍都統使)가 되어 요동을 정벌하러 갔다가 위화도에서 회군하여 반대파를 제거하고 권력을 잡았다. 당시 중국이 원나라와 명나라 교체기에 있어 고려에 친원파와 친명파 사이의 대립이 확대되었다. 이에 고려에서는 요동 정벌을 논하였고, 이성계는 그것을 탐탁치 않게 여겼다. 이성계가 진군하다가 위화도에 이르렀을 때 장맛비가 계속 내렸으므로 회군을 청하였는데, 받아들여지지 않자 군사들을 설득하여 회군하였다. 회군하기 전에 장맛비가 내림에도 불구하고 강물이 불어나지 않았는데, 막상 회군하여 군사들이 강을 건너자 갑자기 강물이 밀려와

위화도가 물 속에 잠겨 버렸다고 한다. 회군한 이성계는 우왕을 폐위하여 군사적 실권을 장악한 명실상부한 최고 권력자가 되었다. 이때 어린 아이들이 "나무의 아들(木子)이 나라를 차지하리라(得國)."라는 동요(참요)를 부르자 백성들이 너나 할 것 없이 모두 다 따라 불렀다고 한다.

● 조선의 개국: 이성계는 위화도 회군 이후 삼군 도총제사(三軍都摠制使)가 되어 조준 등과 결탁하여 사전(私田)을 개혁하고 특권층의 세력을 좌절시키는 한편 신흥세력의 기반을 굳게 하였다. 우왕 때에 정치 일선에서 배제되었던 신진 사대부도 속속 정계에 복귀하여 본격적인 개혁의 계기를 마련하였다. 하지만 신진 사대부 사이에는 사회의 모순에 대한 개혁의 방향을 둘러싸고 서로 대립하였다. 이색, 정몽주 등 온건 개혁파는 고려 왕실을 보존하여 그 틀 안에서 점진적인 개혁을 추진하려 하였다. 반면 정도전 등 급진 개혁파는 고려 왕조를 부정하는 쿠데타를 주장하였다. 점차 쿠데타가 시작되고 있었다. 급진 개혁파는 이성계와 연결하여 쿠데타파를 이루었다. 이들 혁명파는 창왕을 몰아내고 공양왕을 세우면서 정치적 실권마저 차지했다. 1392년 혁명파는 역성 혁명을 반대하고 고려에 충성을 바치던 정몽주를 비롯한 온건 개혁파를 제거하였다. 뒤이어 정몽주가 숨을 거둔 지 4개월도 되지 않아 이성계는 정도전 등의 추대를 받아 1392년 음력 7월 16일에 송경(松京) 수창궁(壽昌宮)에서 공양왕으로부터 선위(禪位) 받는 형식으로 왕위에 올라 개국하였다. 즉위한 다음날 개경 거리와 궁궐에 단비가 내렸다. 오랜 가뭄 끝에 모처럼 비가 내리자 사람들은 천지신명이 새 임금을 축복하여 내리는 비라고 떠들며

기뻐하였다. 처음에는 민심의 동요를 염려하여 국호는 그대로 고려로 두었으나, 1393년 음력 2월 15일 조선(朝鮮)이라 고쳤다.

● 치적: 태조는 조선의 3대 기본 정책을 내세워 건국이념으로 삼아 조선 왕조의 기반을 튼튼히 하였으니, 정치적으로는 명나라를 종주국으로 삼고 국호 및 왕위의 승인을 받아 양국의 친선을 도모하며, 그 밖에 다른 나라와 교린하는 사대교린정책을 썼고, 문화적으로는 숭유배불(崇儒排佛) 정책으로 고려 말기의 부패한 불교를 배척하고 유교를 건국이념으로 세웠으며, 경제적으로는 농본주의 정책으로 농업을 장려하고 전지(田地)를 개혁하여 농본민생주의에 따른 신분·사회제도를 확립하였다. 1392년 개경(개성)에서 조선을 건국하고 1394년 신도궁궐조성도감(新都宮闕造成都監)을 설치하여 새 수도의 도시 계획을 구상하였다. 이어서 음력 10월에 수도를 한양으로 천도하였다. 이는 왕씨의 본거지인 개경을 버리고 한양(漢陽)으로 천도하여 도성을 신축하는 등으로 국가의 새로운 면모를 갖추게 하는 효과가 있었다. 아울러 구세력의 뿌리를 뽑기 위하여 왕씨 일족과 구신(舊臣)들을 숙청하였다. 논공행상으로 창업에 공을 세운 이에게 개국공신의 호를 주고 전지(田地)와 노비를 내리어 왕권을 튼튼히 하였으며 관제(官制)를 비롯한 국가의 시설을 정비하고 《경제육전》을 찬집(纂輯)하게 하여 반포하는 등 여러 가지 정책에 힘썼다.

● 말년: 태조의 건원릉태조에게는 정비인 신의왕후 한씨 소생의 여섯 왕자와 계비인 신덕왕후 강씨 소생의 두 왕자가 있었는데, 그 가운데 강씨 소생의 막내아들 방석을 몹시 사랑하여 세자로 책봉했다. 한편

조선 개국에 공이 컸던 한씨 소생의 다섯째 아들인 이방원의 불만이 쌓였다. 이방원은 정도전 일파가 방석을 끼고 자신들을 해치려 한다는 이유를 들어 정도전 일파와 강씨 소생 왕자들을 살해했다. 태조는 이 사건에 몹시 상심하여 왕위를 둘째 아들 방과(정종)에게 물려주고 상왕으로 은퇴했다. 그러나 정종마저 곧 물러나고 이방원(태종)이 왕이 되었다. 태종이 즉위하자 성석린(成石璘)을 보내 서울로 모셔 왔다. 그러나 1402년(태종 2)에 다시 함경도로 들어간 채 돌아오지 않으므로 태종이 차사(差使)를 보내어 돌아오기를 권유하니, 차사마저 돌려보내지 않고 죽였다는 전설이 있어 함흥차사란 말이 생겨났다. 뒤에 무학대사가 가서 겨우 서울로 오게 하였다. 만년에 불교에 전념하다가 창덕궁 광연루 별전에서 74세로 승하하였다. 그의 진영(眞影)이 영흥(永興)의 준원전(濬源殿) 및 전주(全州)의 경기전(慶基殿) 등에 소장되어 있으며, 능은 경기도 구리시에 있는 건원릉(建元陵)이다.

● 함흥차사: 태종은 자주 차사(差使)를 함흥으로 보내어 아버지와 아들 간의 불화를 풀고 태조를 환궁시켜 옥새를 얻고자 하였으나, 태조는 차사로 오는 이들을 보는 족족 활을 쏘아 맞추어 죽였고, 그로 말미암아 보낸 사람이 다시 돌아오지 않는다는 뜻의 함흥차사라는 말이 생겨났다는 이야기가 전해 온다. 야담 수필집 《노봉집시장》(老峰集諡狀), 선조 때 차천로(車天輅)가 지은 《오산설림》(五山說林) 등의 책에 전해 내려오는 이야기이나 야사일 뿐 실제로 일어난 일은 아니다. 함흥차사 고사는 태조와 태종이 왕자의 난 이후로 서로 화해하지 못하는 상황을 빗대어 만들어낸 이야기이다.

손석우 터에서 인용[참고문헌 3]

- 이성계는 아버지 자춘으로부터 활기묘의 이야기를 전해 듣고 왕이 될 꿈
- 무학대사로부터 해몽을 전수 받았다.

(물을 問 - 좌로 보아도 君 우로 보아도 君; 서까래 3개를 등에 지고 =王)

- 산신제를 지냄(계룡산 신원사 위쪽 산기슭에 제단, 전국)
- 남해 금산(錦山) "왕이 되면 산을 비단으로 입히겠다고 산신께 약속" 왕이 된 후 중국에 비단 수만 필을 구입하려는데 정도전(개국공신 1등)이 이 사실을 알고 영원토록 산의 이름을 비단 금자 錦山으로 개칭하게 하였다.

이성계 할아버지는 조선 건국 태조대왕, 출처: 참고문헌 1

이성계 할아버지의 건원릉, 출처: 참고문헌 1

제23세(21대 조부) **李房原 이방원** (조선 태종)

|---> 제1자 讓寧大君 양녕대군 李 禔 이 제

|---> 제2자 孝寧大君 효녕대군 李 補 이 보

|---> 제3자 忠寧大君 충녕대군 李 祹 이 도 (세종대왕)

|---> 제4자 誠寧大君 성녕대군 이 종

조선 태종 이방원 할아버지는 태조 이성계 할아버지의 5째 아들로서 아버지를 도와서 조선 개국에 큰 업적을 남기셨고, 조선 3대 태종시절 공신/무신/외척세력을 제거함으로서 4대 세종대왕의 문치를 위한 모든 준비를 마무리하였고, 조선왕조 500년의 기틀을 다지신 왕으로 평가를 받는다.

다음의 내용은 위키 백과[참고문헌 4]에서 인용한 태종 이방원 할아버지에 대한 자료이다.

● 태종(太宗, 1367년~1422년, 재위 1400년~1418년)은 조선의 제3대 임금이다. 휘는 방원(芳遠), 자는 유덕(遺德). 사후 시호는 태종공정성덕신공문무광효대왕(太宗恭定聖德神功文武光孝大王)이며 이후 존호를 더하여 정식 시호는 태종공정성덕신공건천체극대정계우문무예철성렬광효대왕(太宗恭定聖德神功建天體極大正啓佑文武睿哲成烈光孝大王)이다. 태조와 신의왕후의 다섯 번째 아들로 태어났으며, 비는 원경왕후(元敬王后)이다. 태조 이후 아직 왕권이 제대로 갖춰져 있지 않던 조선의 기틀을 다져서 조선의 사실상의 창업 군주로 불린다.

● 왕자의 난: 1367년 함흥 귀주동의 사저에서 태어났으며, 어릴 때부터 위의 형들과 달리 학문을 가까이했다. 1382년 문과에 급제하였을 때 이성계와 어머니 한씨가 매우 기뻐하였으며 이성계의 아들 중 가장 영민하고 대범하고 냉철하였다. 이것은 훗날 조선을 탄탄한 기반으로 올려놓은 조선의 국왕으로 태종 이방원이 빛나는 다음 시대를 열기 위한 일이라면 어떠한 악업(惡業)도 마다하지 않았다는 데에서 찾을 수 있다. 1388년에 정조사 서장관으로 이색을 따라 명나라에 다녀온 이후, 아버지가 위화도 회군을 일으키자 가솔들과 함께 동북면으로 피신했으며 아버지를 도와 고려 왕조 유지 세력을 제거하였다. 특히 부하인 조영무를 시켜 정몽주를 선죽교에서 제거함으로써 이성계를 중심으로 한 신진 세력의 기반을 굳건하게 하여 새로운 왕조인 조선을 세우는 데 큰 공을 세웠다. 1392년 이성계가 태조로 등극함에 따라 정안대군(靖安大君)에 봉해졌다. 원래 왕세자를 장자로 세워야 하는 것이 원칙이나, 조선 개국에 회의적이었던 태조의 장남인 진안대군 방우를 제치고, 신하들은 가장 유능한 왕자를 세자로 세우

라고 주청을 올렸다. 개국의 공로를 따지면 이방원이 태조의 아들 중 가장 많은 공을 세웠으나, 당시 '왕권(王權)보다 신권(臣權)으로 나라를 다스려야 국정이 안정된다'는 신권을 주창하던 정도전은 이방원이 왕위에 오르면 신권을 주장하는 자기들을 제거할까 봐 두려워 결국 왕세자로 태조의 막내아들이자 계비 신덕왕후 소생인 의안대군 방석을 선택하였다. 정비인 신의왕후 한씨 소생의 왕자들은 이에 크게 불만을 나타냈으며 그것은 누구보다 조선 개국에 공이 컸던 이방원도 마찬가지였다. 그러나 정도전이 왕자들의 정치 언급을 막고 급기야 사병 혁파를 기도하는 등 이방원과 마찰을 빚자, 이방원은 1398년에 부왕 태조가 와병 중임을 틈타 아내 민씨의 후원과 하륜·이숙번·처남 민무구·민무질 등과 함께 제1차 왕자의 난을 일으켜 정도전·남은과 배다른 동생들인 무안대군 방번·세자 방석 등을 몰아내어 죽이고 정권을 장악하게 되었다. 이 일이 있은 후 얼마 안가 태조는 권력에 대한 회의를 느끼고 영안대군 방과에게 보위를 물려주고 함흥으로 떠났다. 왕위를 물려받은 태조의 둘째 아들 방과가 바로 조선의 제2대 국왕 정종이다. 하지만 형제들 간의 다시 한번 분란이 발생하는데, 이방원의 넷째 형인 회안대군 방간이 박포의 꼬드김에 넘어가 1400년에 제2차 왕자의 난을 일으켰다. 상대적으로 우수한 장수들과 병사들을 가지고 있던 이방원은 쉽게 이 난을 진압하고 왕위에 한 걸음 더 다가가게 되었다. 그해 음력 2월에 정종으로부터 왕세자로 책봉되었고, 책봉된 지 9개월 만에 정종의 양위를 받아 임금으로 즉위하였다.

● 치세: 태종은 조선 초기의 혼란을 종식시키기 위해 관제 개혁을 통한 왕권 강화에 온 힘을 쏟았다. 중앙 제도와 지방 제도를 정비하여 아직 남아있던 고려의 잔재를 완전히 없애고, 사병을 혁파하여 병권을 일원화하고, 의흥부(義興府)를 폐지하여 병조의 지휘권을 확정하는 등 군사 제도를 정비하여 국방력을 강화했다. 토지 제도와 조세 제도의 정비를 통하여 국가의 재정을 안정시켜 나갔다. 척불숭유 정책을 더욱 강화하여 사찰을 정리하고 사찰에 소속된 토지와 노비를 몰수했다. 태종은 또 호패법·서얼금고법(庶孼禁錮法)을 실시했으며, 국방에도 힘써 야인을 다스리는 등 국가 기강을 안정시켰다. 그리고 신료들의 중심으로 정사가 이루어지던 의정부 서사제를 폐지, 육조 직계제를 통해 관료들이 왕에게 직속되게 하였다. 그가 이렇게 관료들을 잘 제어할 수 있었던 것은 그가 고려 말기에 10년간 과거에 급제하여 관리로 지냈던 적이 있었기에, 관료들이 어떤 말을 하고 무슨 행동을 하는지 잘 알았기 때문이다. 태종은 1402년(태종 2년) 백성의 억울한 사정을 직접 풀어주기 위해 신문고를 설치하고 수도를 개경에서 한양으로 다시 옮기는 등 국가 전반에 걸쳐 대대적인 개혁을 단행했다. 주자소를 세워 동활자를 제작했고, 호포(戶布)를 폐지하고 저화(楮貨)를 발행했다. 또한 왕권의 강화를 위해 자신을 등극하게 만들어준 공신들을 유배보내거나 처형했다. 심지어는 정사를 농단한다는 이유로 처남 네 명을 모두 죽이기도 하였고, 또한 태종은 아내인 원경왕후를 교태전(交泰殿)에서 사실상 유폐시켜 왕비와 외척이 어떠한 정치적 언급도 하지 못하게 하였다. 그러나 이런 태종의 왕권 강화의 노력이 바탕이 되어 다음 임금인 세종 때에는 조선이 정치적 안정과 문화적·군사적 발전을 이루게 된다. 태종은 양녕대군이 하루 종일 방탕한 생

활만 일삼는다는 이유를 들어 왕세자에서 폐위하고 셋째 아들인 충녕대군을 왕세자로 삼아 1418년에 왕위를 물려주고 상왕으로 물러났다. 그러나 상왕이 된 후에도 4년간 줄곧 국정을 감독하였고 며느리 소헌왕후의 아버지 심온 등을 강상인의 옥사를 이유로 처형시켜 막바지 숙청을 감행하였다. 태종은 줄곧 세종의 왕권 안정을 위해 노력하다가 1422년 음력 5월 10일 창경궁에서 승하하였다.

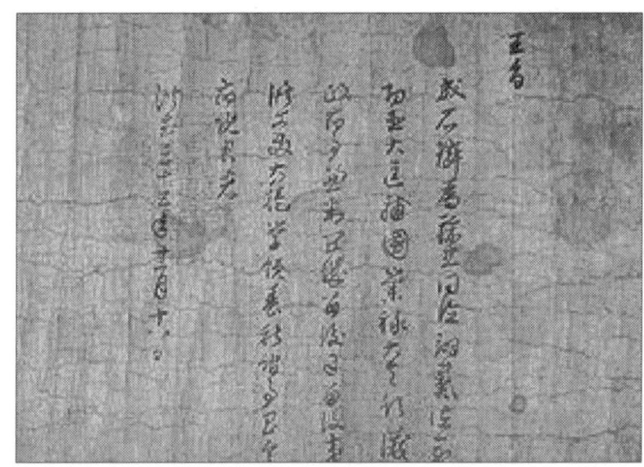

태종의 어필, 출처: 위키 백과[참고문헌 4]

이방원 할아버지 묘-헌릉, 출처 : 청권사 [참고문헌 1]

● 능묘: 능은 서울특별시 서초구 내곡동에 위치한 헌릉(獻陵)이며 원경왕후의 능과 함께 쌍릉으로 조성되어 있다. 인근에는 순조와 순원왕후의 능인 인릉(仁陵)이 위치하여 있다.

4장

효령대군에서 44세까지

우리집 가계는 전주이씨 효령대군(또는 효녕대군), 삼계부정파이다. 흔히 효령대군파라고 부른다. 현재 서울 방배동 방배역 근처의 청권사에 사당과 묘지와 효령대군 기념관이 있고, 매년 분기별(1월, 4월, 7월, 10월)로 청권호 뉴스 책자를 발간하고 있다.

제24세(20대 조부) **孝寧大君 효령대군 이보**(李補)

|---> **제1자 誼城君 의성군**

|---> 제2자 瑞原君 서원군

|---> 제3자 寶城君 보성군

|---> 제4자 樂安君 낙안군

|---> 제5자 永川君 영천군

|---> 제6자 原州君 원주군

다음의 내용은 위키 백과[참고문헌 4]에서 인용한 효령대군에 대한 자료이다.

- 생애: 12세에 해주정씨를 부인으로 맞이하였고 17세에 효령대군으로 봉해졌다. 어릴적부터 글 읽기를 좋아하여 30세 전에 이미 학문과 덕성을 이룩하였고 붓글씨에도 능해 명필이었다고 전해진다. 활쏘기에 능숙하였고 효성이 지극하여 부왕으로부터 사랑을 많이 받았다. 불교를 독실히 믿어 조정의 숭유억불 정책하에서 불교 보호의 방패 역할을 감당하였다. 원각사 창건 때에는 조성도감 도제조를 맡았다. 이때 주조되어 1985년까지 보신각에 달려 있던 큰종과 탑골공원의 10층 석탑은 그 제조기법이나 예술성이 뛰어났다는 평가를 받았다. 10

층 석탑은 국보 제2호로, 원각사지 대종은 보물 제2호로 각각 지정되어 있다.

《법화경》, 《금강경》, 《원각경》, 《반야심경》, 《능엄경》, 《선종영가집》 등 불경의 번역과 교정에도 힘썼고, 많은 사찰을 순회하면서 신도들을 온후하게 계도하였다. 그리고 향촌의 자치규약인 향헌(鄕憲) 56조를 지어 백성들의 윤리 도덕심을 함양하였으며 유불심법동일원(儒佛心法同一原)의 이념을 추구하였다.

1418년에 아우 충녕대군이 세자로 책봉되자, 출가를 했다. 좌찬성 정역(鄭易)의 딸과 혼인하여 6남 2녀를 낳았으며, 서자녀로 1남 1녀를 두었다. 불교를 좋아하여 승도를 모아 불경을 강의하였다.

1396년(태조 5, 丙子年) 9월 16일(음력)에 태어나 91세의 천수를 다하고 1486년(성종 17, 丙午年) 5월 11일(음력)에 세상을 떠났다. 현재의 서울특별시 서초구 방배동에 예장되었다. 묘소는 1972년에 서울특별시 유형문화재 제12호로 지정되었다. 현 사당은 1736년(영조 12)에 왕명으로 효령대군 묘 앞에 처음 세우면서 '청권사'라고 하였다.
슬하에 7남을 두었으며 1460년(세조6) 정월, 여섯째 아들 원천군(原川君)을 병사한 아우 성녕대군에게 출계시켜 대를 이어 제사를 봉향할 수 있도록 하였다.

생전에 손자 33인, 증손자 109인으로 후손이 번성하였다. 전주이씨 대동종약원의 파종회 중에 자손이 가장 번창한 것으로 알려져 있다. 서울특별시는 1984년 11월 7일 청권사 앞길을 '효령로'로 명명하였다.

- 전해오는 이야기: 경기도 과천시 중앙동 관악산 연주봉 남쪽 기슭에는 연주암(戀主庵)이라는 사찰이 있는데 관악산의 최고봉인 연주봉

(629m) 절벽 위에 연주대(戀主帶:경기도 기념물 제20호)가 자리하고 있다. 그곳에서 남쪽 과천쪽으로 약 300m 떨어진 곳에 연주암이 있다. 대한불교 조계종 제2교구 본사인 용주사(龍珠寺)의 말사로 나한도량(羅漢道場)의 하나로 알려져 있는 사찰이다. 나한은 6신통(神通)과 8해탈을 모두 갖추어 인간과 천인들의 소원을 성취시켜 주는 복전(福田)이기 때문에 통일신라시대부터 신앙의 대상이 되어 있다.

연주대는 이성계가 무학대사의 권유로 의상대 자리에 석축을 쌓고 30㎡ 정도의 대를 구축하여 그 위에다 암자를 지은 것이라 한다. 이곳에 특이하게도 효령각을 만들어서 효령대군의 영정(경기도 문화재 제81호)을 봉안하고 있다. 찾는 등산객의 점심을 무료로 제공하는 것으로 소문이 나있는 곳이기도 하다.

1411년(태종 11), 동생인 충녕(세종)에게 보위를 양보하고 전국을 떠돌던 양녕과 효령이 이곳에 머무르면서 관악사를 현위치로 옮기고 연주대의 이름을 따서 연주암으로 이름을 바꾸었다. 위치를 바꾼 이유는 관악사의 원래 위치에서는 왕궁이 바로 내려다보였기 때문이라고 전해진다.

효령대군 존영-관악산 연주암 효령각 봉안
(경기도 문화재 제81호)

효령대군의 친동생이신 충녕대군이 바로 세종대왕이시다.

《 효령대군 연보 》

▲ 1396년(태조 5): 송경(松京 : 개성) 정안군궁(靖安君宮)에서 태종대왕의 제2왕자로 태어났다.

▲ 1400년(정종 2) 5세: 입학하였다.

▲ 1407년(태종 7) 12세: 효령군 작위를 받았다, 해주정씨를 부인으로 맞았다.

▲ 1408년(태종 8) 13세: 연비어약(鳶飛魚躍)·용반호거(龍盤虎踞) 등 4자 명구 24자를 쓰셨다.

▲ 1409년(태종 9) 14세: 선소오매패(宣召烏梅牌 : 왕궁출입증표)를 하사받으셨다.

▲ 1412년(태종 12) 17세: 효령대군으로 진봉되었고 평강(平康) 강무(講武)

때 뛰어난 활 솜씨를 보이셨다.

▲ 1414년(태종 14) 19세: 휘 호(祜)를 보(補)로 고치셨다.

▲ 1417년(태종 17) 22세: 품계가 대광보국에, 부인은 숙의옹주에서 삼한국대부인에 각각 개봉되었다.

▲ 1418년(태종 18) 23세: 충녕대군에게 성덕이 있음을 알고 재덕과 학문을 숨기고 가부좌로 합장(合掌)하며 임금자리를 손양하셨다.

▲ 1419년(세종 1) 24세: 양녕대군·하륜·박 언과 함께 명신에 녹선되었다.

▲ 1420년(세종 2) 25세: 7월 10일 모후 원경왕후 승하

▲ 1422년(세종 4) 27세: 5월 10일 부왕 태종대왕 승하

▲ 1423년(세종 5) 28세: 명 황제 사신 영접연에서 효령대군이 세종대왕에게 술잔을 드릴 때 세종대왕이 일어서자 사신이 그 이유를 물었다. 황희가 이에 "군신의 분수가 엄하나 형제간의 떳떳한 예를 행함이다."라고 대답하자 사신이 감탄하였다.

▲ 1424년(세종 6) 29세: 서강(西江 : 한강)에 합강정(合江亭)을 세우셨다.

▲ 1425년(세종 7) 30세: 5월 13일 세종대왕이 합강정에 거둥, 단비가 오자 정자 이름을 '희우정(喜雨亭)'이라 고쳐 주셨다.

▲ 1428년(세종 10) 33세: 선원전에 수용 및 선원록(璿源錄)을 봉안하고 윤 12월 문소전(文昭殿) 친제(親祭) 때 종헌관으로 헌작하셨다.

▲ 1429년(세종 11) 34세: 관악사(관악산 연주암)를 삼창(三創)하고 약사여래상·미륵존상 및 5층 석탑을 조성하셨다.

▲ 1430년(세종 12) 35세: 월출산 무위사 중창을 지유(指諭)하고 만덕산 백련사 중창에 대 공덕주가 되었다.

▲ 1432년(세종 14) 37세: 2월 한강에서 7일간 수륙재(水陸齋)를 거행하였고 부인의 작호가 삼한국대부인에서 예성부부인으로 개봉되셨다.

▲ 1434년(세종 16) 39세: 회암사를 중수하고 원각경을 설법하였다. 연방축동(蓮坊築洞)의 연(蓮) 자를 따서 '연강(蓮江)'이라고 작호하셨다.

▲ 1435년(세종 17) 40세: 5월 홍천사 탑전의 보수를 주장하셨다.

▲ 1438년(세종 20) 42세 전후: 〈부모은중경〉·〈장수태골경〉 합부를 사경, 천안 광덕사의 대시주가 됨. 효령대군의 환후가 쾌차되자 세종대왕이 축하겸 위로연을 베풀 때 대군을 보고 눈물을 흘리며 옷깃을 적시니 대군도 같이 눈물을 흘리고 한밤중에 환궁하셨다.

▲ 1440년(세종 22) 45세: 홍천사에서 경찬회(慶讚會)를 주관하셨다.

▲ 1449년(세종 31) 54세: 12월 속리산에서 복천사 중수보권문을 반포하셨다.

▲ 1450년(세종 32) 55세: 2월 세종대왕께서 승하하셨다.

▲ 1452년(단종 즉위) 57세: 용문산 상원사 범종의 주조를 주장하셨고, 문종대왕께서 승하하셨다.

▲ 1454년(단종 2) 59세: 3월 곡성 태안사 대발(大鉢 : 바라)을 개조하고 태안사의 대 공덕주가 되셨다. [대발은 1447년(세종 29)에 대군이 조성]

▲ 1457년(세조 3) 62세: 2월 정암산 법천사의 불상조성을 권선하셨다.

▲ 1458년(세조 4) 63세: 4월 8일 교지를 받아들여 태조고황제가 1398년(태조 7)에 지은 함흥선향헌목의 서문을 지으셨다.

▲ 1461년(세조 7) 66세: 천안 광덕사에 주석할 때 석가여래 사리가 분신하고 상서로운 일이 일어나 분신사리 25과를 세조대왕에게 진상하셨고, 홍천사 대종 주조 도제조가 되어 감동(監董)하셨다.

▲ 1462년(세조 8) 67세: 3월 부안 변산 실상사 삼존불 조성을 권선하셨고, 10월 세조대왕과 같이 대군의 농장(農莊)에 이른 후 미지산(지금의 용문산) 상원사(대군 원찰)에 거둥했을 때 상서로운 기가 발하고 관음상이 현신(顯身)하시었다.

▲ 1463년(세조 9) 68세: 가을 〈법화경〉을 언해하고 내불당(內佛堂)에서 10일간 교정보셨다.

▲ 1464년(세조 10) 69세: 〈선종영가집〉을 언해 및 수교하셨다.

▲ 1464년(세조 10) 69세: 2월 28일 어가를 따라 속리산 복천사에 행사(行祀). 5월 회암사에서 원각경 설법시 부처님 형상이 나타나고 감로 등 기현상이 일어났으며 사리가 분신되어 사리를 함원전(含元殿)에 공양하였다. 원각사 조성도감 도제조가 되셨다.

▲ 1465년(세조 11) 70세: 신미(信眉)대사·한계희와 같이 〈원각경〉을 언해 및 교정하셨다.

▲ 1466년(세조 12) 71세: 원각사 낙성회에 매월당 김시습을 부름. 3월 21일 금강산 표훈사에서 수륙재를 올릴 때 사리와 서기·상운 등 기현상이 일어남. 원각사 대종의 주조를 주장하셨다.

▲ 1469년(예종 1) 74세: 함흥에 가서 향헌법 56조를 만들고 상행케 하셨다. 완주군 화암사의 〈십왕경〉 간행에 보시하셨다.

▲ 1470년(성종 1) 75세: 8월 예성부부인 정씨가 별세하시었다.

▲ 1476년(성종 7) 81세: 3월 9일 성종대왕으로부터 위로연과 폐백을 하사받으셨고, (그 후 83세 3월 12일과 85세 1월에도 성종대왕의 위로연이 있었음) 5월 종친의 가계(加階) 및 승품법(陞品法)을 건의하셨다.

▲ 1482년(성종 13) 87세: 강진 만덕사에 조종영세(祖宗永世)의 수륙재를 올릴 수 있도록 전답 10결(結)을 시주하셨다.

▲ 1486년(성종 17) 91세: 5월 11일 서거. 7월 과천 동적리 마장동(현 서초구 방배동)에 예장, 정효(靖孝)라고 시호를 받으셨다.

효령대군 할아버지에 관한 조선왕조실록[참고문헌 7]의 기사는 340여건이 있으며, 다음과 같은 기사가 있다.

● 태종 27권, 14년(1414 갑오 / 명 영락(永樂) 12년) 1월 13일(무자) 1번째 기사

효령 대군의 이름을 호(祜)에서 보(補)로 고치다

효령 대군(孝寧大君)의 이름을 고쳐서 호(祜)를 보(補)로 하고, 제4자(第四子) 종(褈)을 성녕 대군(誠寧大君)으로 삼았다. 궁인(宮人)의 아들 비(裶)와 인(裀)을 정윤(正尹)으로 삼고, 인(裀)의 어미 신씨(辛氏)를 신녕 옹주(信寧翁主)로 삼았으니, 중궁(中宮)의 비(婢)였다. 홍씨(洪氏)를 혜선 옹주(惠善翁主)로 삼았으니, 보천(甫川)의 기생 가희아(可喜兒)였는데, 처음에 가무(歌舞)를 잘 하였기 때문에 총애를 얻었었다.

● 태종 35권, 18년(1418 무술 / 명 영락(永樂) 16년) 6월 3일(임오) 1번째 기사

세자 이제를 폐하고 충녕 대군으로서 왕세자를 삼다

세자 이제(李禔)를 폐하여 광주(廣州)에 추방하고 충녕 대군(忠寧大君)【휘(諱).】으로서 왕세자를 삼았다.

(중략)

조말생이 돌아오니, 임금이,

"의논 가운데 점괘를 따르도록 원한다는 말이 있었기 때문에 나도 이를 하고자 하였다. 그러나, 나라의 근본(根本)을 정하는 것은 어진 사람을 고르지 않을 수가 없다."

하고, 곧 전지(傳旨)하기를,

"나는, 제(禔)의 아들로써 대신시키고자 하였으나, 제경(諸卿)들이 모두 말하기를, '불가(不可)하다.'고 하니, 마땅히 어진 사람을 골라서 아뢰어라."

하였다. 유정현 이하 여러 신하들이 또 아뢰기를,

"아들을 알고 신하를 아는 것은 군부(君父)와 같은 이가 없습니다."

하니, 임금이 말하였다.

"옛 사람이 말하기를, '나라에 훌륭한 임금이 있으면 사직(社稷)의 복(福)이 된다.'고 하였다. 효령 대군(孝寧大君)은 자질(姿質)이 미약하고, 또 성질이 심히 곧아서 개좌(開坐) 하는 것이 없다. 내 말을 들으면 그저 빙긋이 웃기만 할 뿐이므로, 나와 중궁(中宮)은 효령이 항상 웃는 것만을 보았다. 충녕 대군(忠寧大君)은 천성(天性)이 총명하고 민첩하고 자못 학문을 좋아하여, 비록 몹시 추운 때나 몹시 더운 때를 당하더라도 밤이 새도록 글을 읽으므로, 나는 그가 병이 날까봐 두려워하여 항상 밤에 글 읽는 것을 금지하였다. 그러나, 나의 큰 책(冊)은 모두 청하여 가져갔다. 또 치체(治體)를 알아서 매양 큰 일에 헌의(獻議)하는 것이 진실로 합당하고, 또 생각 밖에서 나왔다. 만약 중국의 사신을 접대할 적이면 신채(身彩)와 언어 동작(言語動作)이 두루 예(禮)에 부합하였고, 술을 마시는 것이 비록 무익(無益)하나, 그러나, 중국의 사신을 대하여 주인으로서 한 모금도 능히 마실 수 없다면 어찌 손님을 권하여서 그 마음을 즐겁게 할 수 있겠느냐? 충녕은 비록 술을 잘 마시지 못하나 적당히 마시고 그친다. 또 그 아들 가운데 장대(壯大)한 놈이 있다. 효령 대군은 한 모금도 마시지 못하니, 이것도 또한 불가(不可)하다. 충녕 대군【휘(諱).】이 대위(大位)를 맡을 만하니, 나는 충녕으로서 세자를 정하겠다."

(하략)

● 세종 50권, 12년(1430 경술 / 명 선덕(宣德) 5년) 12월 3일(기사) 4번째 기사

이제·이보 등을 각각 양녕 대군·효령 대군 등으로 삼다

이제(李禔)를 양녕 대군(讓寧大君), 이보(李補)를 효령 대군(孝寧大君), 이유(李瑈)를 진평 대군(晉平大君), 이용(李瑢)을 안평 대군(安平大君), 이구(李璆)를 임영 대군(臨瀛大君), 이비(李祎)를 경녕군(敬寧君), 이인(李裀)을 공녕군(恭寧君), 이농(李襛)을 근녕군(謹寧君), 이정(李裎)을 온녕군(溫寧君), 이우(李衧)를 후녕군(厚寧君), 이치(李袳)를 익녕군(益寧君)으로 삼았다. 임금의 친아들과 친형제에게 정1품을 임명하고 산관(散官)에 쓰지 아니하는 것이 이때부터 시작되었다.

● 성종 191권, 17년(1486 병오 / 명 성화(成化) 22년) 5월 11일(을묘) 1번째기사

효령 대군 이보의 졸기

효령 대군(孝寧大君) 이보(李補)가 졸(卒)하니, 철조(輟朝)하고 조제(弔祭)하고 예장(禮葬)하기를 예(例)와 같이 하였다. 보(補)는 태종(太宗)의 둘째 아들로 태어나 총명하고 민첩하였으며, 이미 관례(冠禮)하고는 효령 대군(孝寧大君)에 봉(封)해졌다. 젊어서부터 독서(讀書)하기를 좋아하고 활쏘기를 잘하였는데, 일찍이 태종을 따라 평강(平康)에서 사냥하면서 다섯 번을 쏘아 다섯 번 다 맞추니, 위사(衛士)들이 모두 감탄하였다. 태종이 일찍이 편치 않으므로 이보(李補)가 몸소 탕약(湯藥)을 써서 조금도 게을리 하지 않으니, 태종이 가상히 여겨 특별히 노비[臧獲]를 내려 주었다. 세종(世

宗)께서 우애(友愛)가 지극히 두터워서 늘 그 집에 거둥하여 함께 이야기하였는데, 마침내 저녁이 되어서야 파(罷)하곤 하였다. 이보(李補)가 부처[佛]를 좋아하여 중들을 많이 모아 불경(佛經)을 강(講)하였는데, 세조(世祖)의 돌보아 줌이 지극히 융숭하여서 상뢰(賞賚) 함이 헤아릴 수 없을 정도로 많았다. 궁중(宮中)에서 곡연(曲宴)을 할 때면 이보(李補)가 일찍이 참여하지 않은 적이 없어, 혹 밤중에 물러가기도 하였는데, 〈이런 때면〉 세조가 초[燭]를 잡고 배웅하였으며, 원각사(圓覺寺)를 창건(創建)함에 미쳐서는 그 일을 맡아 보도록 명하였다. 임금[上]이 즉위(卽位)하여서는 이보(李補)가 나이 많고 종실의 웃어른[屬尊]이라 하여 예우(禮遇)함이 더욱 융숭하였으며, 여러 번 그 집에 거둥하여 잔치를 베풀고는 그를 영화롭게 하였다. 이보(李補)가 만년(晩年)이 되어서는 따로 띳집[茅屋]을 지어 겨우 무릎이나 움직일 수 있을 정도로 해 놓았는데, 비록 한추위나 한더위라 할지라도 늘 거기에서 거처하였다. 아들 7인(人)이 있어, 가장 젊은 사람의 나이가 60이 넘었는데, 매양 좋은 날 아름다운 절기에는 술잔을 들어 축수(祝壽)하고, 창안 백발(蒼顔白髮)로 슬하(膝下)에서 춤을 추니, 진실로 한 시대의 성사(盛事)이었다. 이 때에 이르러 졸(卒)하니, 나이가 91세였다.

시호(諡號)를 정효(靖孝)라 하였으니, 너그럽게 즐기며 고종명(考終命)한 것을 정(靖)이라 하고, 지혜롭게 부모(父母)를 사랑하고 공경한 것을 효(孝)라 한다. 이보(李補)는 불교[釋敎]를 혹신(惑信)하여 머리 깎은 사람들[緇髡]의 집합 장소가 되었으며, 무릇 중외(中外)의 사찰(寺刹)은 반드시 수창(首唱)하여 이를 영건(營建)하였다. 세조(世祖)가 불교(佛敎)를 숭신(崇信)하여 중들로 하여금 거리낌 없이 제멋대로 다닐 수 있도록 하였으니, 반드시 이보(李補)의 권유가 아닌 것이 없었다. 이보(李補)가 일찍이 절[寺]에 예불(禮佛)하러 나아갔는데, 양녕 대군(讓寧大君) 이제(李禔)가 개[犬]를 끌고 팔에는 매[鷹]

를 받치고는 희첩(姬妾)을 싣고 가서 절의 뜰에다 여우와 토끼를 낭자하게 여기저기 흩어 놓으니, 이보(李補)가 마음에 언짢게 여겨, 이에 말하기를,

"형님은 지옥(地獄)이 두렵지도 않습니까?"

하니, 이제(李禔)가 말하기를,

"살아서는 국왕(國王)의 형(兄)이 되고 죽어서는 보살(菩薩)의 형이 될 것이니, 내 어찌 지옥에 떨어질 이치가 있겠는가?"

하였다.

● 성종 191권, 17년(1486 병오 / 명 성화(成化) 22년) 5월 11일(을묘) 2번째기사

호조에 전지하여 졸한 효령 대군에게 부의로 곡식을 내리다

호조(戶曹)에 전지(傳旨)하여, 졸(卒)한 효령 대군(孝寧大君) 이보(李補)에게 부의(賻儀)로 쌀[米] 70석(碩)과 콩[豆] 30석(碩), 보리[麥] 30석(碩), 청밀(淸密) 10두(斗), 기름[油] 15두(斗)를 내려 주도록 하였다.

제25세(19대 조부) **誼城君 의성군 이심**(李寀): **정1품**

|---> 제1자 무성군

|---> 제2자 잠성정

|---> 제3자 운림도정

|---> **제4자 西林都正 서림도정**

|---> 제5자 봉성군

|---> 제6자 영신군

|---> 제7자 총곡수

第 1 子 의성군 (誼 城 君) 1411(태종 11) ~ 1493(성종24)

(一子) 誼城君

- 一子 茂松君
  - 一子 儒城君
  - 二子 載陽副正
  - 三子 海陽副正
  - 四子 長陽都正
- 二子 岑城正
  - 一子 茂山副正
  - 二子 平皐都正
  - 三子 玉山副正
  - 四子 松山都正
  - 五子 戎城副守
  - 六子 冠山都正
  - 七子 義原守
  - 八子 臨道守
- 三子 雲林都正
  - 一子 把城君
- 四子 西林都正
  - 一子 殷豐都正
  - 二子 助川副正
  - 三子 森溪副正
- 五子 蓬城君
  - 一子 硯提君
  - 二子 興寧副正
  - 三子 唐城副正
- 六子 永新君
  - 一子 明原君
  - 二子 咸原君
- 七子 葸谷守
  - 一子 峰山副令
  - 二子 章山副令
  - 三子 德山副令

의성군 자손, 출처:
삼계부정파 블로그[참고문헌 6], http://blog.naver.com/joyllg.do

의성군(誼城君)은 1411년(태종11) 효령대군(孝寧大君)과 예성부부인(蘂城府夫人)해주정씨(海州鄭氏)의 장남으로 태어나셨으며, 휘는 심(寀), 자는 자홍(子弘)이시다. 세종(世宗)대왕께서는 어려서부터 학문을 좋아하는 의성군을 가상히 여겨 내장(內藏)의 서책(書册)을 내려주시고, 사랑함이 날마다 돈독하여 항상 궁중에 입시(入侍)하면서 여러 아들과 다름이 없었다. 초휘는 용이었으나, 심(寀)로 세조(世祖)대왕이 고쳐주셨다. 배위는 회인군부인(懷仁郡夫人) 성주이씨(星州李氏)로 직장(直長)차궁(次弓)의 따님이시다. 1424년(세종2) 의성군으로 봉해지셨고 종2품 가정대부(嘉靖 大夫), 1431년

(세종13) 정2품 정헌대부(正憲大夫), 1434년(세 종16) 종1품 숭록대부(崇祿大夫) 이때에 봉안어용사(奉安御 容使), 1444년(세종26) 종1품 소덕대부(昭德大夫), 1450년(세 종32) 대전관(代奠官), 1450년(문종1) 정1품 흥록대부(興祿大夫), 특별히 1489년(성종20) 종친의 최고품계인 정1품 현록대부(顯祿大夫)에 오르셨다. 1493년(성종24) 8월13일 83세를 일기로 별세하셨으며, 시호는 호민(胡敏)이시다. 호민(胡敏)의 뜻은 「彌年壽考曰胡 好古不怠 曰敏」 오래 수(壽)한 것이 호(胡)이고, 옛것을 좋아하고 게으르지 아니한 것이 민(敏)이

경기도 포천군 내천면 엄현리(음현리) 수천동 의성군 묘,
출처: 청권사

의성군 신도비문,
출처: 청권사

넷째는 제(抵)로 명선대부 서림도정(明善大夫 西林都正)이며, 신부인 파평윤씨(坡平尹氏)로 손자에 은풍도정 형손(殷豊都正 亨孫), 조천부정 이손(助川副正 利孫), 삼계부정 정손(森溪副正 貞孫)과 손녀에 참봉 진주인 류우(參奉 晋州人 柳瑀)를 두었다.

다. 슬하에는 7男(무송군, 잠성정, 운림도정, 서림도정, 봉성군, 영신군, 총곡수)과 6女를 두셨다. 묘소는 경기도 포천군 내촌면 엄현리(현 음현리)에 있으며, 재실은 모민재(慕敏齋)이다.

의성군 할아버지에 관한 조선왕조실록[참고문헌 7]의 기사는 100여건이 있으며, 다음과 같은 기사가 있다.

● 세종 82권, 20년(1438 무오/명 정통(正統) 3년) 9월 5일(병술) 1번째 기사

효령 대군의 병의 치유를 위로하기 위하여 의성군 이심의 집에 잔치를 하사하다

의성군(誼成君) 이심(李宷)의 집에 거둥하여 효령 대군(孝寧大君)에게 잔치를 하사하니, 그 병의 치유를 위로하기 위한 것이다. 인하여 안장 갖춘 말을 하사하고, 또 양녕 대군(讓寧大君)과 청평 부원군(淸平府院君) 공주(公主), 평양 부원군(平壤府院君) 공주에게 각각 안장 갖춘 말을 하사하였으며, 또 경녕군(敬寧君) 이비(李裶)·함녕군(諴寧君) 이인(李裀)·익녕군(益寧君) 이치(李袳)·혜령군(惠寧君) 이정(李䄔)·온녕군(溫寧君) 이정(李裎)·후령군(厚寧君) 이우(李衧)·의성군(誼成君) 이심(李宷)·순성군(順成君) 이개(李㑺)·서원군(瑞原君) 이친(李䙚)·순평군(順平君) 이군생(李群生)·함양군(咸陽君) 이포(李㳛)·보성군(寶成君) 이합(李㝓)·낙안군(樂安君) 이영(李寗)·고양군(高陽君) 이질(李秩)·원윤(元尹) 이정(李定)·정윤(正尹) 이찬(李穳)·이흔(李訢)·효령 대군의 유자(幼子)와 영천군(鈴川君) 윤사로(尹師路), 그리고 여흥 부원군(驪興府院君)의 첩(妾)에게까지 아마(兒馬) 각각 1필씩을 하사하고, 또 의원(醫員) 원지(元智)에게 단의(單衣)·겹의(裌衣) 각각 1벌과 은대(銀帶) 및 신을

하사하니, 효령의 병을 간호하면서 모신 때문이다. 임금이 의성군 집에 이르러 처음 연(輦)에서 내리면서 눈물을 줄줄 흘리고 효령을 보고는 또 울었다. 인하여 잔치를 베푸니 시연(侍宴)한 모든 종친이 차례로 일어나 춤추고, 끝으로 효령도 또한 일어나 춤추고 헌수(獻壽)하니, 임금도 역시 일어나 춤추고는 이내 눈물을 흘렸다. 잔치가 한창 어울려 흥겨우매, 임금이 말하기를, "내가 당초에는 밤샘을 할 계획이었는데, 이제 소낙비로 군사들이 노천에서 옷을 적시고 있으니, 마음에 미안하다."하고, 드디어 연회를 파하고 궁으로 돌아가니, 밤은 이미 깊어서 한밤중이 되었다.

● 세조 32권, 10년(1464 갑신/명 천순(天順) 8년) 1월 18일(신미) 1번째기사
비현합에서 술자리를 베풀고, 의성군 등을 격봉하여 승부를 겨루게 하다

비현합(丕顯閤)에 나아가 길창 부원군(吉昌府院君) 권남(權擥)·우의정(右議政) 구치관(具致寬)·운성 부원군(雲城府院君) 박종우(朴從愚)·예조 판서(禮曹判書) 박원형(朴元亨)·화산군(花山君) 권반(權攀)·한성부윤(漢城府尹) 김종순(金從舜) 등을 불러서 술자리를 베풀었다. 의성군(誼城君) 이심(李寀)·보성경(寶城卿) 이합(李㝓)·은천군(銀川君) 이찬(李穳)·진남군(鎭南君) 이종생(李終生) 등이 격봉(擊棒)하여 승부(勝負)를 가렸는데, 말 안장을 하사하였다.

● 성종 65권, 7년(1476 병신/명 성화(成化) 12년) 3월 9일(임자) 1번째기사
효령 대군 이보의 집에 거둥하여 연회를 베풀다

임금이 효령 대군(孝寧大君) 이보(李補)의 집에 거둥하여 위로하는 연회

(宴會)를 베푸니, 월산 대군(月山大君) 이정(李婷)·밀성군(密城君) 이침(李琛)·덕원군(德源君) 이서(李曙)·창원군(昌原君) 이성(李晟)·의성군(誼城君) 이심(李寀)·보성군(寶城君) 이합(李㝓)·은천군(銀川君) 이찬(李穳)·영천군(永川君) 이정(李定)·원천군(原川君) 이의(李宜)·오산군(烏山君) 이주(李澍)·사산군(蛇山君) 이호(李灝)·옥산군(玉山君) 이제(李躋)·정양군(定陽君) 이순(李淳)·운산군(雲山君) 이계(李誡)·팔계군(八溪君) 이정(李淨)·우산군(牛山君) 이종(李踵)·신종군(新宗君) 이효백(李孝伯)·환성군(歡城君) 이징(李澄)·운수군(雲水君) 이효성(李孝誠)·안강정(安康正) 이양(李良)·가은 도정(加恩都正) 이분(李份)·신풍 도정(新豊都正) 이순(李循)·운림 도정(雲林都正) 이핍(李愊)·평성 도정(枰城都正) 위(偉)가 입시(入侍)하였다. 임금이 명하여 어가(御駕)를 따라 온 종친(宗親)·재상(宰相)과 여러 장수들에게 음식을 대접하게 하고, 풍악을 내려 주었다. 또 임금이 명하여 면포(綿布)·정포(正布) 아울러 1백 필(匹)을 대군(大君)의 집에 실어 보내어 잔치의 폐백(幣帛)으로 삼게 하였다.

● 성종 281권, 24년(1493 계축/명 홍치(弘治) 6년) 8월 13일(을해) 3번째기사
의성군 이심의 졸기

의성군(誼城君) 이심(李寀)이 졸(卒)하였는데, 철조(輟朝) ·조제(弔祭)·예장(禮葬) 을 전례(前例)와 같게 하였다. 심의 자(字)는 자홍(子弘)이다. 처음 이름은 용(容)인데 세조(世祖)가 지금 이름으로 고쳐 주었다. 효령 대군(孝寧大君) 이보(李補)의 아들이다. 영락(永樂) 갑진년에 나이가 열 네 살에 의성군에 봉(封)해졌다. 심이 학문을 좋아하니, 세종(世宗)이 가상하게 여겨서 내장(內藏) 의 서책(書册)을 내려 주고, 사랑함이 날마다 돈독하여 항상

궁중에 입시(入侍)하면서 여러 아들과 아름이 없었다. 선덕(宣德) 신해년에 특별히 정헌 대부(正憲大夫)를 가(加)하고, 갑인년에는 특별히 숭록 대부(崇祿大夫)를 가하였다. 이때 경주(慶州)에 집경전(集慶殿)이 이루어졌는데, 심(寀)이 어용 봉안사(御容奉安使)가 되었었고, 경태(景泰) 경오년에 세종이 승하(昇遐)하자 심이 대전관(代奠官)이 되어 특별히 현록 대부(興祿大夫)에 가해지고, 홍치(弘治) 기유년에는 특별히 현록 대부(顯祿大夫)에 가해졌다가 이에 이르러 졸(卒)하니, 나이가 83세이다. 시호(謚號)는 호민(胡敏)인데, 오래 수(壽)한 것이 호(胡)이고, 옛것을 좋아하고 게으르지 아니한 것이 민(敏)이다.

● 성종 281권, 24년(1493 계축/명 홍치(弘治) 6년) 8월 14일(병자) 2번째기사
의성군 이심에게 부의를 내리다

호조(戶曹)에 전교하기를,
"졸(卒)한 의성군(誼城君) 이심(李寀)에게 특별히 부의(賻儀)로 미두(米豆) 아울러 80석(石), 종이 1백 50권(卷), 정포(正布) 40필(匹), 백저포(白苧布)·백면포(白綿布) 각각 6필, 석회(石灰) 40석(碩), 납촉(蠟燭) 8병(柄), 유둔(油芚) 2장(張)을 내려 주라."
하였다.

제26세(18대 조부) **서림도정**(西林都正) **이제**(李悌) : **정3품**

|---> 제1자 은풍도정 형손(殷豊都正 亨孫)

|---> 제2자 조천부정 이손(助川副正 利孫)

|---> **제3자 삼계부정 정손(森溪副正 貞孫) : 종3품**

명선대부(明善大夫), 본관은 전주(全州), 휘는 제(悌), 조부는 효령대군 이보, 부는 의성군 이심(李宷), 배위는 신부인 파평윤씨(坡平尹氏)로 첨지(僉知) 윤삼산(尹三山)의 딸, 슬하에 3남 1녀인데, 첫째는 은풍도정 형손(殷豊都正 亨孫), 둘째는 조천부정 이손(助川副正 利孫), 셋째는 삼계부정 정손(森溪副正 貞孫) 그리고, 딸은 참봉 진주인 류우(參奉 晋州人 柳瑀) 두고 있다.

제27세(17대 조부) **삼계부정**(森溪副正) **이정손**(李貞孫): **종3품**

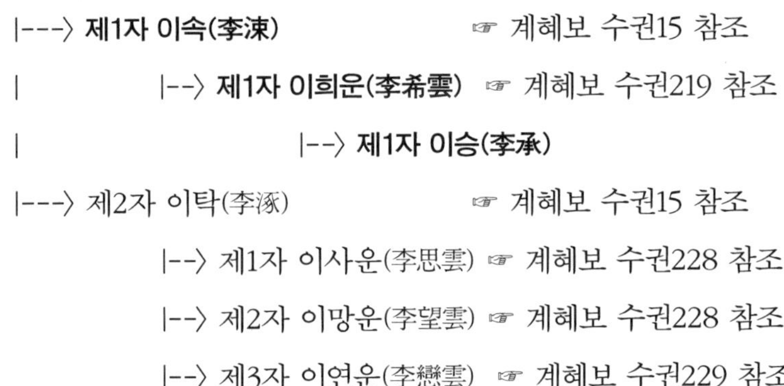

본관은 전주, 휘는 정손(貞孫), 증조부는 효령대군 이보, 조부는 의성군 이심(李宷), 부는 서림도정(西林都正) 이제(李悌), 모는 신부인파평윤씨 이시다. 묘지는 양주 어등산에 모셨다.

三子 森溪副正貞孫
字子正
世祖庚辰生 明善大夫
森溪副正
己丑十一月十二日卒
壽七十
○墓楊州於等山癸坐
經亂後失傳 設壇於
星州青城新塘村北粉
吐谷鳳岩山酉坐原
有床石望柱碑碣後孫
起徹撰銘胄孫起夏書
配愼人順天朴氏
父主簿信孫祖義州判
官柳星曾祖漢城尹可
權外祖殿直光山金崇
之
忌三月二十二日
○墓同墳合封

一子 涑
字伯淵
成宗甲午生
受業于再從叔朱溪君
値燕山士禍與弟南下
于仁同若木里晩移星
州南青城坊新塘村隱
居養德通訓大夫行濟
用監主簿義盈庫令通
禮院引儀咸興府判官
咸興鎭兵馬節制都尉
己酉五月三日卒
壽七十六
○墓粉吐谷鳳岩山酉
合谷子坐有床石
配淑人永同金氏
父司勇孟謙祖郡守滌
曾祖文良公守溫
忌正月十二日
○墓同原雙墳育一男
配淑人青松沈氏
忌正月十七日
○墓津昌癸岩沈氏先

子 希雲 見首二一九

壠之側
二子 涿
字仲淵 號梅谷
成宗丁酉生蔭副司果司
評與兄判官公受業于
再從叔 朱溪君之門
而燕山士禍兄弟遯于
南下居仁同若木里
後外祖主簿公移于義
興泥田洞築梅谷精舍
硏經窮理托趣梅月以
行誼重於世
明宗己酉二月二十一日
卒壽七十三
贈吏曹叅判有實記一
卷行于世晦堂張錫英
作序
○墓泥田洞山幕谷外
祖主簿公墓后酉坐有
碣床石望柱族後孫朗
山壓撰銘慶州崔秉讃
書一心齋金祺洙撰行
狀十三代孫起徹撰遺
事
配淑人碧珍李氏
父 贈叅判大林祖司
直敬同曾祖左贊成係
山花堅幹八代孫外祖
吏判信川康繼祖
忌二月七日
○墓乾位兆下同坐有
床石望柱石
女 李明哲 驪州人

一子 思雲 見首二二八
二子 望雲 見首二二八
三子 戀雲 見首二二九
女 吳士誠 高敞人 判官

三子 森溪副正貞孫
字子正
世祖庚辰生 明善大夫
森溪副正
己丑十一月十二日卒
壽七十
○墓楊州於等山癸坐
經亂後失傳 設壇於
星州青城新塘村北粉
吐谷鳳岩山酉坐原
有床石望柱碑碣後孫
起徹撰銘胄孫起夏書
配愼人順天朴氏
父主簿信孫祖義州判
官柳星曾祖漢城尹可
權外祖殿直光山金崇
之
忌三月二十二日
○墓同墳合封

전주이씨 효령대군파 족보, 참조: 청권사

삼계부정 할아버지에 관한 조선왕조실록[참고문헌 7]의 기사는 3건이 있으며, 다음과 같다.

● 연산 12권, 2년(1496 병진 / 명 홍치(弘治) 9년) 1월 1일(경진) 2번째기사 승정원에 내수사의 단자를 내리다.

승정원(承政院)에 내수사(內需司)의 단자(單子)를 내리고 전교하기를,

"유점사(楡岾寺)와 낙산사(洛山寺)에 소금을 공급하라는 분부에 선왕의 수결이 있으니, 이제 와서 폐기할 수 없다. 비록 《속록(續錄)》747) 에는 실리지 않았다 할지라도 틀림없이 그때에 이 조항을 다시 계품(啓稟)하지 않았기 때문에 기록되지 않은 것이니, 예전대로 시행하도록 하라."

하니, 승지(承旨)들이 다시 아뢰기를,

"이 일이 《속록(續錄)》에 실리지 않았는데, 지금 만약 공급한다면 뒤에 반드시 예가 될 것이며, 또 소금은 백성의 힘에 의해 나오는 것이므로 그릇되게 써서는 안 되옵니다. 내수사로서는 만약 노비(奴婢)나 곡식에 관한 일이라면 직계(直啓)할 수 있으나, 지금 승려(僧侶)의 장고(狀告)만을 듣고서 승정원(承政院)에 통지하지도 않았으니, 사체가 어찌 되겠습니까."

하고, 또 아뢰기를,

"정진 등의 일은 대간이 여러 달을 두고 논계하고 정부(政府)도 여러 번 아뢰었사온데, 오히려 '애매하다.'고 분부하시니, 신들의 생각에는, 전하께서 신들의 정상을 잘 모르시는 것 같사옵니다. 당초에 그들이 탄핵받을 적에 스스로 면하지 못할 것을 알고 죄를 벗어나려는 생각에서 터무니없는 말을 꾸며 내어 의옥(疑獄)이 되게 한 것이온데, 그 술책은 3가지였습니다. 하나는 윤채(尹埰)의 사위 이계금(李繼金)이 그 친구 이귀종(李貴宗)에게서

들었다는 말이 '중홍동(重興洞)에서 잔치놀이를 한 자는 너희 장인이 아니고, 실로 다른 사람이 한 일이다.…'하더라는 것이요, 하나는, 윤채의 아들 동손(仝孫)이 삼계 부정(森溪副正)에게서 들었다는 말이 '석보수(石保守)가 내게 하는 말이 실로 무풍정(茂豊正) 허함(許瑊)·정자지(鄭子芝) 등이 기생을 데리고 잔치놀이를 했다.…'하더라는 것이요, 하나는, 윤채의 종 정동(鄭同)이 기녀(妓女) 영감당(詠甘棠)에게 들었다는 말이 '전일에 적선아(謫仙兒)가 그 지아비 무풍정과 잔치놀이를 했다.…'하더라는 것입니다. 금부에서 이 3가지 일을 가지고 사실을 추궁하니, 이 계금은 거짓으로 정상을 말해 놓고서 곧 언문 편지를 이귀종(李貴宗)에게 통하여 그 말을 맞추려다가 그 일이 또 탄로되자, 계금이 자복하기를, '이귀중은 나의 친한 벗이니, 반드시 내 말을 들을 것이므로 처부(妻父)의 죄를 면해 주려 짐짓 거짓말을 꾸몄다.'하였으며, 그 밖에 석보수(石保守)·영감당(詠甘棠)의 말도 모두 근거 없는 것이었습니다. 또 옥경(玉京)의 진술에 '처음에 윤채를 따라서 상지관(相地官) 조윤(趙倫)과 함께 윤채의 양주(楊州) 농장에 갔었는데, 조윤은 먼저 서울로 돌아가고, 나는 윤채 및 삼계 부정(森溪副正) 등과 함께 중흥동(中興洞)에서 놀았다.'하니, 조윤의 진술이 과연 옥경의 말과 같았습니다. 그러므로 윤채 역시 자복하기를, '서울로 돌아올 때에 삼계 부정의 집에 이르러, 옥경을 시켜 해금(嵇琴)을 타게 하고 소찬(素饌)으로 술을 마셨을 뿐이다.'하였습니다. 옥경이 또 진술하기를, '그 뒤에 또 윤채를 따라서 두 번째 삼계 부정의 집에 갔었는데, 윤채가 삼계 부정에게 하는 말이 전일에 중흥동에서 잔치놀이 한 일을 내 아버지가 듣고서 크게 나무랬다고 하더라.'는 것이었습니다. 이로 미루어 보면 일의 정상이 분명하오며, 옥경의 말이 형장(刑杖)에 인한 것이 아니고 평문(平問)에서 나왔으니 그 말이 거짓이 아님을 알 수 있사옵니다. 만약 윤채 등이 실지로 범하지 아니하였다면, 비록 죽게 되더라도 다만 스스로 해명을 요할 따름이옵지, 어찌 반드시 다른 사람을 무고하여 끌어들이겠습니까. 윤채 등은 본디 간사하여 성종조(成宗朝)에 중죄를 받았으니, 이런 일을 그가 하지 않았다고 보장하기는 어렵습니다. 이는 실로 크게 명교(名教)에 관계되오니, 불가불 국문을 끝내야 하겠습니다."

하였으나, 들어 주지 않았다.

● 연산 12권, 2년(1496 병진 / 명 홍치(弘治) 9년) 2월 26일(갑술) 1번째기사
윤채 등의 옥사를 윤필상 등과 의논하다

윤필상·어세겸·한치형·이극돈·윤효손이 의논드리기를,

"윤채(尹埰) 등의 옥사를 발명하지 못한 것이 6 가지가 있습니다. 일이 발각되기 전에 정옥경과 상림춘이, 유연(遊宴)의 절차를 매우 상세하게 말하였으니, 한 가지요, 사헌부에서 추국(推鞫)하고 있을 때 옥경이 윤채의 집에 숨었거니와, 윤채의 집안에서는 곧 포고(捕告)하여 자기 일을 발명해야 했을 것인데, 여러 날을 두고 대접했으며, 옥경의 어미가 종적을 찾아서 윤채의 집에 당도하여 큰소리로 통곡하게 된 뒤에야 마지못해 내놓았으므로 감싸 준 정상이 매우 명확하니, 두가지요, 국가에서 최복(衰服)을 입고 있을 때라 악공(樂工)은 진실로 소용이 없는데, 윤채가 옥경을 거느리고 정진(鄭溱)의 집과 삼계 부정(森溪副正)의 농막(農幕)에서 놀았음을 옥경이나 윤채가 모두 자복하였으므로 평상시에 함께 마음대로 놀이한 자취가 매우 분명하니, 세 가지요, 윤채가 말하기를, '옥경이 내가 저를 끌어낸 것을 원망하여 중흥동(中興洞)에서 놀이했다고 속여 말했다.'하나, 윤채는 옥경에게 본디부터 은애(恩愛)가 있는 처지라 그 끌어낸 것은 부득이한 데서

나온 것이며, 옥경과 상림춘이 말한 때나, 최한홍과 고안정(高安正)이 말한 때는 다 일이 발각되기 이전인데, 옥경이 어찌 끌어댄 것을 원망하여 이런 빈말을 하였겠습니까. 바른 공초(供招)임이 분명하니, 네 가지요, 윤채 등이 말하기를, '적선아(謫仙兒)가 허함(許瑊) 등과 놀이를 벌였는데, 사헌부가 잘못 들은 것이다.'고 하나, 적선아가 과연 허함 등과 놀이를 벌였다면 적선아가 역시 옥경을 숨겨서 대질하지 못하게 하였을 터인데, 적선아와 그 아비는 사방으로 수색하여 길에서 잡아 사헌부에 고발하였으므로, 적선아는 윤채와 간여하지 않은 것이 분명하니, 다섯 가지요, 최한홍·상림춘이 비록 언단(言端)은 한결같지 않으나, 그 중흥동에서 놀이한 일만은 틀림이 없으니, 여섯가지입니다. 신들의 생각으로는, 의심나는 사단이 이 6 가지므로 버려두기는 어려울 듯 하오니, 윤채·정진은 형신을 가하여 진상을 밝히는 것이 어떠하리까? 하물며 일에 간여된 사람마다 모두 여러 번 형신하였는데, 유독 정범(正犯)인 윤채·정진에게는 한두 번만 심문하고 만다는 것은 미편합니다."

하니, 전교하기를,

"옥경 한 사람의 말로 윤채 등을 심문하는 것이 옳은가? 이 의논은 공평하지 않으니, 다시 의논하라."

하였다. 필상(弼商) 등이 아뢰기를,

"윤채 등이 옥경이 자기를 끌어댄 것을 혐의로 삼고 있다고 말하나, 옥경이 놀이의 절차를 상림춘에게 말한 것은 일이 발각되기 이전의 일이니, 어찌 미리 수혐(讎嫌)이 있을 수 있습니까. 또 만약 윤채 등과 놀이한 자가 많은데도 유독 옥경의 말만 취신(取信)한다면 불가하거니와, 윤채 등과 놀이한 자는 오직 옥경일 뿐이니, 윤채 등은 발명하려 하지만 은휘(隱諱)하는 데 불과하고, 옥경의 공초(供招)는 실로 공증(公證)입니다. 대저 옥사는 공증일 것 같으면 비록 한 사람의 말이라도 역시 취신 해야 합니다. 그 일에 간여된 사람은 여러 번 형신을 가하여, 윤채 등에게 귀일되었는데 지금 윤채 등은 버려두고 심문하지 않는 것은 미편합니다."

하니, 전교하기를,

"윤채 등을 형신하라."

하였다.

● 연산 62권, 12년(1506 병인 / 명 정덕(正德) 1년) 4월 2일(신해) 2번째기사

삼계 부정 정손과 금장아를 정진의 일에 관련된 까닭으로 형신하게 하다

전교하기를,

"삼계 부정(森溪副正) 이정손(李貞孫)과 금장아(錦帳兒)를, 정진(鄭溱)의 일에 관련된 까닭으로, 승지 권균(權鈞)·윤순(尹珣)이 함께 감독하여 날마다 형신(刑訊)하라."

하였다.

제28세(16대 조부) **李涑 이속** ☞ 계혜보 수권15 참조 식

|---> **제1자 李希雲 이희운**

이속 할아버지는 삼계부정 할아버지의 제 1자(장남)이시고, 상기 족보에서 기록된 바와 같이, 자는 백연(伯淵), 성종 5년 1475년생(갑오생)이시다. 재종숙 주계군에게서 학업을 전수받았고, 연산군 때에는 사화를 당하여 동생과 함께 남하하여 먼저 인동 약목리(현재 왜관 약목으로 추정)로 이주했다가, 늦게 또다시 성주 남쪽 청성방 신성촌으로 은거하셨다. 이곳에

一子 涑
字伯淵
成宗甲午生
受業于再從叔朱溪君
値燕山士禍與弟南下
于仁同若木里晩移星
州南青坡坊新塘村隱
居養德通訓大夫行濟
用監主簿義盈庫令通
禮院引儀咸興府判官
咸興鎭兵馬節制都尉
己酉五月三日卒
壽七十六
○墓粉吐谷鳳岩山西
合谷子坐有床石
配淑人永同金氏
父司勇孟謙祖郡守澤
曾祖文良公守溫
忌正月十二日
○墓同原雙墳育一男
配淑人青松沈氏
忌正月十七日
○墓淳昌癸岩沈氏先

16대 조부께서는 약목과 성주로 내려오셨고, 함흥판관, 함흥진 병마절제도위 임명

서 덕을 쌓고 옛 성현의 가르침을 주변에 일깨우매, 통훈대부(通訓大夫)(정3품)의 작위를 받으셨다. 이후에 통래원에서 추천하기를, 함흥부 판관(咸興府 判官), 함흥진 병마절제도위(兵馬節制都尉)에 임명되셨다. 명종 4년 1549년(기유년) 5월 3일 돌아가셨는데 76세 이셨다. 묘소는 분토곡 봉암산(粉吐谷 鳳岩山) 서쪽 합곡에 자좌로 모셨고, 상석이 있다(西合谷子坐有床石). 조모이신 숙인 영동김씨(淑人永同金氏)는 조부님과 같은 장소에 쌍분으로 모셨고, 장남 묘소도 근처에 모셨다. 숙인 청송심씨(淑人青松沈氏)는 순창 계암심씨 선영에 모셨다.

아마도 이속 할아버지의 부친이신 삼계부정 이정손 할아버지가 무오사화(1498년)와 갑자사화(1504년)의 정치 격변기에, 1504년 스승이신 이심원(李深源) 선생이 연산 갑자사화로 화를 당하셨고, 1506년에 임금으로부터 부친께서 정진이라는 인물과 가까이 지낸 일로 삼가 몸을 조심하도록 하는 근신조치로 인하여, 그 직후에 큰 아들인 이속 할아버지께서는 서울(한양)을 피하여 남하하시어, 왜관 약목을 거쳐 경북 성주지방으로 이사하시었고, 동생인 이탁(큰아들 이사운, 이망운, 이연운) 할아버지께서는 인동 약목리(仁同 若木里, 현재 경북 칠곡군 왜관 약목 근처)로 남하하시었다(참고문헌[20]

『심원당집 해제』에서).

참고로, 연산군 때 일어난 사화는 다음과 같다.

(1) 무오사화(戊午士禍, 1498 연산군 4년): 사초에 기인하여 발생하였다. 연산군 때 선왕인 성종의 실록을 편찬하기 위해 사국을 열었는데, 이때 당시 사관인 김일손이 스승 김종직의 조의제문을 사초에 실은 것이 발견되었다. 조의제문은 단종을 항우에게 죽임당한 의제에 비유하여 그 죽음을 슬퍼하고 세조의 찬탈을 비난하는 내용이었다. 이에 훈구 세력들은 연산군을 꾀어 김일손 등 그 일파를 죽이거나 귀양을 보내었고 김종직을 부관 참시하였다. 이극돈·유순·윤효손·어세겸등은 수사관으로서 문제의 사초를 보고하지 않은 죄로 파면하였다. 이로써 사화 발단에 단서가 된 이극돈이 파면된 뒤 유자광은 그 위세가 더해진 반면, 많은 사림파 인사들이 희생되었다.

(2) 갑자사화(甲子士禍, 1504 연산군 10년): 1504년 연산군 10년 연산군의 어머니 윤씨(尹氏)의 복위문제에 얽혀서 일어난 사화이다. 갑자사화는 무오사화처럼 훈구·사림파 간의 대립으로 일어난 것은 아니지만, 선비가 많이 죽음을 당하였다는 의미에서 사화이다.

제29세(15대 조부) **李希雲 이희운** ☞ 계혜보 수권 219 참조

|---> **제1자 李承 이승**

15대 조부이신 이희운 할아버지는 이속 할아버지의 독자이시며, 자는 공망(公望)이시고, 연산군9년 1503년생(계해생)이시다. 생전에 충의위 진위장군

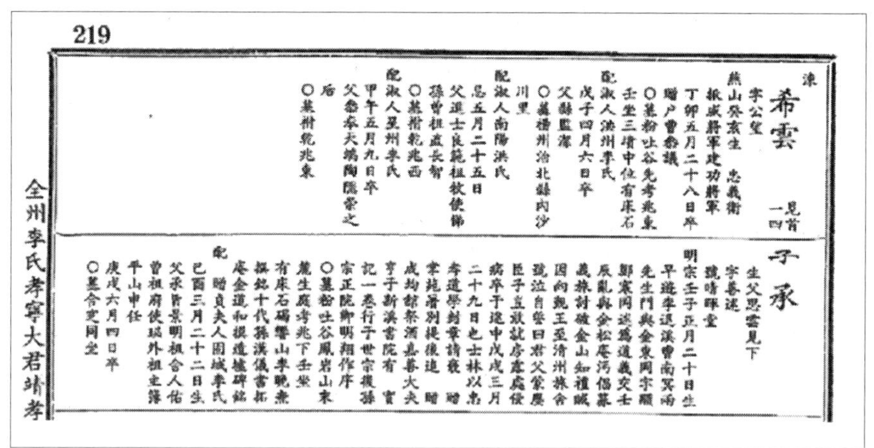
219

全州李氏孝寧大君靖孝

涑
希雲 見首一四
字公望
燕山癸亥生 忠義衛
振威將軍建功將軍
丁卯五月二十八日卒
贈戶曹叅議
○墓紛吐谷先考兆東
壬坐三墳中位有床石
配淑人淸州李氏
戊子四月六日卒
父縣監濬
○墓楊州治北縣內沙
川里
配淑人南陽洪氏
忌五月二十五日
父進士良範祖牧使鄰
孫曾祖直長智
○墓祔乾兆西
配淑人星州李氏
甲午五月九日卒
父叅奉天鵾陶隱崇之
后
○墓祔乾兆東

子 承
生父思雲見下
字善述
號晴暉堂
明宗壬子正月二十日生
早遊李退溪曹南冥兩
先生門與金東岡宇顒
鄭寒岡逑爲道義交壬
辰亂與金松庵沔倡募
義旅討破金山知禮賊
因向親王至淸州旅舍
號泣自誓曰君父蒙塵
臣子豈敢就房遂處位
病卒于途中戊戌三月
二十九日也士林以忠
孝道學剏章請褒 贈
掌苑署別提後追 贈
成均館祭酒嘉善大夫
享于新溪書院有 實
記一卷行于世宗親府
宗正院卿明翔作序
○墓紛吐谷鳳岩山來
龍生廐亥兆下壬坐
有床石碣響山李晚燾
撰銘十代孫漢儀書拓
庵金道和撰遺墟碑銘
配 贈貞夫人固城李氏
己酉三月二十二日生
父承旨景明祖舍人佑
曾祖府使琚外祖金鐸
平山申任
庚戌六月四日卒
○墓合窆同坐

15대 조부께서는 연산 계해생, 충의위 진위장군 건공장군, 호조참의

(종3품) 건공장군(정4품)(忠義衛 振威將軍 建功將軍)의 칭호를 받으셨으며, 호조참의(戶曹參議, 정3품)에 추사되셨다. 명종 22년 1567년(정묘년) 5월 28일 돌아가셨는데, 65세까지 수를 누리셨다. 묘소는 분토곡 선고 북동쪽 임좌 위치, 3개 무덤 중 가운데 위치에 모셨고, 상석(床石)이 갖추어져 있다.

참고로, 진위장군(振威將軍)은 조선시대 정사품(正四品) 서반(西班) 무관(武官)에게 주던 품계(品階)이며, 정사품의 상계(上階)로서 소위장군(昭威將軍)보다 상위 자리이다. 해당 관직으로는 오위(五衛)의 호군(護軍), 선전관청(宣傳官廳)의 선전관(宣傳官), 충청도(忠淸道)·경상도(慶尙道)·전라도(全羅道)·황해도(黃海道)의 수군우후(水軍虞侯) 등이 있었다. 처(妻)에게는 영인(令人)의 작호(爵號)가 주어졌다. 또한, 건공장군(建功將軍)은 조선시대 종삼품(從三品) 서반(西班) 무관(武官)에게 주던 품계(品階)이며, 종삼품의 상계(上階)로서 보공장군(保功將軍)보다 상위 자리이다. 해당 관직으로는 오위(五衛)의 대호군(大護軍), 훈련원(訓練院)의 부정(副正), 선전관청(宣傳官廳)의 선전관(宣傳官), 관리영(管理營)의 백총(百摠), 팔도(八道)의 병마첨절제사(兵

馬僉節制使)·병마우후(兵馬虞候)·수군첨절제사(水軍僉節制使) 등이 있었다. 병마·수군첨절제사의 일부는 예겸(例兼)하였다. 처(妻)에게는 숙인(淑人)의 작호(爵號)가 주어졌다.

제30세(14대 조부) **李承 이승** (청휘당 晴暉堂) ☞ 계혜보 수권 219 참조

|---> 제1자 李堉 이육 (호: 심원당 心遠堂) 『心遠堂集』저서

| |---> 제1자 李惟銓 이유전(호: 청파 青波)

| |---> 제2자 李爾銓 이이전(호: 청계 清溪)

|---> 제2자 李埱 이숙 (호: 산거재 山居齋)

| |---> 제1자 李益銓 이익전(호: 치치당 耻耻堂)

| |---> 제2자 李序銓 이서전

|---> 제3자 李壆 이학 (호: 인암, 認菴)

| |---> 제1자 李命銓 이명전

|---> **제4자 李垌 이경 (호: 순백당, 旬白堂)**

|---> 제1자 李邦銓 이방전

|---> 제2자 李國銓 이국전

|---> **제3자 李廷銓 이정전**

|---> 제4자 李時銓 이시전

|---> 제5자 李世銓 이세전

|---> 제6자 李東銓 이동전

14대 조부이신 청휘당 이승 할아버지께서는 이희운 할아버지의 무녀 독남(생부는 5촌 이사운 李思雲)이시고, 자는 선술(善述), 호는 청휘당(晴暉堂)이시다. 명종 7년, 1552년(임자년) 1월 20일 태어나셨다. 어려서 이퇴계 선

子承
生父思雲見下
字善述
號晴暉堂
明宗壬子正月二十日生
早遊李退溪曺南冥兩
先生門與金東岡宇顒
鄭寒岡逑為道義交壬
辰亂與金松庵沔倡募
義旅討破金山知禮賊
因向親王至清州旅舍
號泣自嘆曰君父蒙塵
臣子豈敢就房處寢
病卒于途中戊戌三月
二十九日也士林以忠
孝道學封章請褒 贈
掌苑署別提後追 贈
成均館祭酒嘉善大夫
享于新溪書院有 實
記一卷行于世宗稷孫
宗正院卿明翔作序
○墓粉吐谷鳳岩山未
麓生庚壽兆下壬坐
有床石碣寧山李晚燾
撰銘十代孫漢儀書碣
庵金道和撰遺墟碑銘
配
贈貞夫人固城李氏
己酉三月二十二日生
父承旨景明祖舍人佑
曾祖府使瑞外祖主簿
平山申任
庚戌六月四日卒
○墓合窆同坐

명종 임자 1월20일생, 임진왜란때 의병장 활약, 장원서 별제, 통훈별제

생님과 남명 조식선생님 문하에서 수업을 받으셨고, 학동으로는 자가 옹인 김동강(김우옹), 한강 정구(정한강) 등과 교우관계를 맺었다. 1592년 임진왜란때 김송암과 함께 의병을 모집하여 금산, 지례에서 적들을 물리치셨다. 그 후에 왕이 계신 곳을 향해서 청주의 여행 객사에서 큰소리로 통곡하시면서 말씀하시길 "임금과 부친이 난리를 피하여 몽진(蒙塵)중이신데 신하인 내가 감히 어떻게 방에서 누워 잘 수 있겠는가?"하셨는데, 그러다가 병을 얻어 돌아가셨다. 사림에서는 이러한 활약 내용을 추천 올리셔서 사후에 "장원서별제(掌苑署別提)", 뒤에 "성균관제주 가선대부(成均館祭酒嘉善大夫, 종2품)"에 증직되셨고, 또한 제사는 "신계서원(新溪書院)"에서 모시고 있다. 선조31년 1598년(무술년) 3월29일 46세에 병으로 돌아가시었다. 묘소는 분토곡(粉吐谷) 봉암산(鳳岩山)(현재 경북 성주군 수륜면 신파리 봉암산)에 모셨다. 조모님은 정부인(貞夫人, 종2품 품계) 고성이씨(固城李氏)이시고, 묘소는 합장해서 같은 좌(임좌)에 모셨다. 생전에 『청휘당실기(晴暉堂實記)』와 주자가례를 본받아 『사례지요』를 편찬하셨으며, 퇴계 이황선생 및 남명 조식 선생의 문하생으로 낙강칠현으로 널리 알려지신 분이시다.

학문과 성품에 대한 자료를 요약하여 다시 정리하면, 청휘당(晴暉堂) 이승(李承) 조부님은 전주 이씨로 1552년(명종 7년) 지금은 칠곡군인 인동현

(仁同縣) 약목리(若木里)에서 태어나 주로 성주에서 거주하였다. 기록상으로는 이희운(李希雲) 조부님의 아들이지만 양자였고, 생부는 이사운(李思雲) 조부님이시다. 8세에 소학을 공부하였고 11세에 벌써 논어를 공부할 정도로 뛰어났다. 19세에 퇴계 선생에게 대학을 질의하면서 유숙하였고 20세에 남명 조식을 찾아가 공부하였다. 37세에 서애 유성룡의 추천으로 선공감가감에 천거되어 제수되었으나 부임하지 않고 유성룡에게서 공부하였다. 1589년 여름 한강(寒岡) 정구, 옥산(玉山) 이기춘(李起春), 송암(松庵) 김면(金沔), 대암(大庵) 박성(朴惺), 낙빈(洛檳) 이홍우(李弘宇), 육일헌(六一軒) 이홍량(李弘量) 등과 함께 개경포(지금의 고령군 개진면 개포리)의 낙동강에 배를 띄우고 시를 지으며 놀았는데 이 때 일곱 사람을 낙강7현(洛江七賢)이라고 전한다. 효성이 지극하여 부친의 종기를 입으로 빨아서 낫게 하고 도둑이 들어와서 칼로 부친을 해치려고 하는 것을 "나를 대신 찌르라"고 사정하니 도둑도 그 효성에 감복하여 그냥 돌아갔다고 한다. 부친의 병이 위독하여 밤마다 목욕재계하고 하늘에 빌었으며 친상을 당하여 여묘생활 3년을 옷도 벗지 않고 지냈다고 한다. 41세(1592년)에 임진왜란이 일어나자 병기와 군량을 마련하여 용기산성(백운동의 가야산성)에 실어다 바치고, 6월에 김면(金沔)과 더불어 거창에서 의병을 일으켰다. 7월에 진군하여 고령(高靈)에 주둔한 왜구를 격파하였고, 8월에 진격하여 금산(金山)에서 적을 크게 무찔렀다. 성주(星州)에 있는 왜구를 공격하기도 하였고, 9월에 진주목사 김시민(金時敏)의 관군과 합세하여 30여 차례의 격전을 벌여 지례 안음·함양 등지를 수복하는 데에 큰 공을 세웠다. 1598년(선조 30) 정유재란 때에 도체찰사 이원익(李元翼)의 부름을 받고 가던 중에 청주 말리에 이르러 과로로 병을 얻어 순직했다. 사망 후, 장원서별검의 벼슬을 증직으로 받았고 1689년 사림의 청에 의해 통훈별제(通訓別提)의 증직(贈

職)이 내려졌으며, 신계서원(新溪書院)에 봉향되었다. 오리 이원익이 "도학은 천년 동안 있을까 말까 하는 진정한 유학자요, 충효는 백세의 모범이라"고 하였다고 한다. 무덤은 수륜면 신파리 봉암산에 있다. 『청휘당 실기』는 1934년 경북 성주에서 목판본 1책으로 간행되었다.

다음은 청권사[참고문헌 1]에서 소개된 이승 조부님의 업적이시다.

자는 선술(善述), 호는 청휘당(晴暉堂), 대군의 6대손으로 증 호조참의 희운(希雲)의 아들이다. 성품이 순수하고 지혜가 뛰어났으며 어려서부터 학문을 좋아하고 효성도 지극했다. 퇴계(退溪) 이황(李滉)과 남명(南冥) 조식(曺植)의 문하에서 〈경서〉와 성리학을 배웠고, 신당촌(新塘村) 동산 아래에 고가(古家)를 개축하여 당호(堂號)를 '청휘당'이라 하고 동강(東崗) 김우옹(金宇顒)·한강(寒岡) 정구(鄭逑) 등과 교우하면서 학문을 닦았다. 1588년(선조21)에 서애(西厓) 류성용(柳成龍)의 천거로 선공감역(膳工監役)에 제수되었으나 학문에 뜻을 두고 나아가지 않았다. 다음 해 여름 한강 정구·옥산(玉山) 이기춘(李起春) 등과 함께 창원 월영대 등 명승지를 유람하고 오는 길에 현풍(玄風)·송림(松林)에 들러 연꽃을 감상하면서 인근의 김면(金沔)·박황(朴惶)·이홍우(李弘宇)·李弘量) 등과 함께 낙동강에 배를 띄우고 시를 지어 읊었다. 이 시가 오늘에 전하고 있고 이를 '낙강7현(洛江七賢)' 이라 전한다.

1592년(선조25) 임진왜란이 일어나 3남 지방이 이미 적의 수중에 들어가고 선조대왕이 파천길에 오르자 서책을 덮어놓고 의병을 모아 김면이 주도하는 창의군(倡義軍)과 합세하여 거창·고령·금산·성주에서 왜적을 크게 무찌르고 적선 2척을 나포하여 적들이 민가에서 강탈한 재물을 다시 찾는 등 많은 전과를 올렸다. 같은 해 9월에 진주목사 김시민(金時敏)의 관군과 합세하여 30여 차례의 격전을 벌여 지례·안음·함양 등지를 수복하는 데에 큰 공을 세웠다. 1595년(선조28) 계비(繼妣) 상을 입어 집상을 하는 동안에도 군량미를 모아 군영에 보냈다. 1598년(선조30) 정유재란에 도체찰사 이원익(李元翼)의 부름을 받고 가던 중에 청주 말리에 이르러 과로로 병을 얻어 순직했다. 장원서 별제, 뒤에 성균관 제주에 증직되고 신계서원(新溪書院)에 배향되었다. 묘소는 경북 성주군 수륜면 신파리 봉암산 말록 임좌이다. 유저로는 〈청휘당실기〉 1책이 전해오고 있다.

다음은 국립중앙도서관에서 보유중인 『청휘당선생실기』원본파일 내용이다. (참고 사이트 http://www.nl.go.kr, 이곳에 회원가입하면 원문상태로 열람 가능하였다)

표제/책임표시사항	晴暉堂先生實記 / 李起喆 等 編
판사항	古活字本(木活字)
발행사항	星州 : 晴暉堂, 1934
형태사항	93張 : 四周雙邊, 半郭 20.1 x 15.5 cm, 10行20字, 註雙行, 上二葉花紋魚尾 ; 21.9 x 21.0 cm
주기사항	序: 李明翊 跋: 李起喆
분류기호	조선총독부고서분류표-> 古朝57
자료이용안내	원문정보는 고전운영실에 설치되어 있는 원문정보이용코너에서 이용하시기 바랍니다.

○ 권별정보

전체	편/권차	편제	저작자	발행년도	ISBN	청구기호	자료이용하는곳	매체구분	비치상태	원문
□			李起喆 等編	1934		한古朝57-가590	고전운영실(보존)	인쇄자료(책자형)	배가	●

다음은 영남대학교 민족문화연구소에서 보유중인 영남문집해제에 실린 『청휘당실기』관련 내용은 다음과 같다. ([참고문헌 13] 영남문집해제, “청휘당실기”-이승, 영남대학교 민족문화연구소, 민족문화연구소 자료총서, 1988.)

晴暉堂實紀 李 承(*1552*, 明宗 *7*–*1598*, 宣祖 *31*)：字 善述, 號 晴暉堂, 本貫 全州, 生父 思雲, 系父 希雲, 居 漆谷.

*1*卷*1*冊, 冊大：*21.2*×*32*, 半葉匡郭：*16*×*20*, 四周雙邊, 有界, *10*行*20*字, 註雙行, 版心：上向花紋魚尾, 上下白口, 版種：木版本.

墓碑銘；李晩燾 撰. 公은 *19*세에 退溪先生을 뵈옵고 大學을 質疑하면서 留宿하였다. 또 南冥 曺先生을 뵈옵고는 科擧業을 抛棄하고 古人의 學에 專力하였다. 西厓先生의 薦으로 繕工郎이 되었으며 壬辰亂에 松菴先生(金沔)과 함께 義兵을 일으켜 知禮, 金泉, 茂溪 등의 賊을 擊破하였다. *1689*년 士林 請疏에 依하여 通訓 別提의 贈職이 내려졌고 新溪書院에 奉享되었다.

目錄

世系圖.

年譜.

遺文.

詩.

書；鄭寒岡.

附錄；輓詞, 祭文, 行狀, 墓誌銘, 墓碣銘, 遺墟碑銘, 行錄, 言行劄錄, 家狀, 新溪書院開基告由文, 新溪書院奉安告由文, 新溪書院上樑文, 新溪書院追享時告由文, 晴暉堂重建上樑文, 晴暉堂重修記, 請褒獎啓(金鶴峯, 李梧里), 士林呈通伯請褒狀, 士林請褒贈疏2, 師友錄, 記聞錄, 晴暉堂題詠, 立巖記.

다음은 안동대학교 도서관에 소장중인 1934년 발간된『청휘당선생실기』관련 정보이다.

晴暉堂先生實紀

서명저자사항	**晴暉堂先生實紀/** 李起喆 等編
판사항	木活字本
발행사항	[刊寫地未詳]: **[刊寫者未詳]**, 1934
형태사항	1冊(93張): 四周雙邊 半郭 20.1 x 15.5 cm, 有界, 10行20字 註單行, 上下向二葉花紋魚尾; 31.9 x 21 cm
부출표목-개인명	**이기철** **이승**
주제명부출표목-일반주제명	**전기류**
부출표목-관련서명	**고서** **실기**

컨텐츠번호 :23087

디지털리소스

관계	내용
해제	23087.pdf

소장사항

보존서고도서신청 HELP

중앙도서관

번호	등록번호	소장위치	도서상태	청구기호	출력
1	G0005796	고서실	대출불가	古上 991.1 이68ㅊ이	

晴暉堂先生實紀 (古上 991.1 이68ㅊ.이)

李承 (1552~1598) ; 字 善述, 號 晴暉堂, 本貫 全州.

木板本. - 慶北星州 : 晴暉堂, 1934.

1冊(93張) ; 31.9x21cm.

四周雙邊. 半匡 ; 20.1x15.5cm.有界.10行20字.註雙行. 上下向二葉花紋魚尾.

조선 중기의 학자[?]사(義士)인 이승(李承)의 실기이다. 이승의 생부(生父)는 사운(思雲), 계부(季父) 희운(希雲)의 아들이며 칠곡(漆谷)사람이다. 선생은 19세에 퇴계 선생에게 대학을 질의하면서 유숙(留宿)하였다. 또 남명(南冥:曺植) 선생을 뵙고 과거를 폐하고 옛날사람들의 배움에 전력하였다. 서애선생의 추천으로 선공랑이 되었으며 임진왜란에 송암(松菴) 김면(金沔)과 함께 의병을 일으켜 지례, 김천, 무계 등의 적을 격파하였다. 1689년 사림의 청에 의해 통훈별제(通訓別提)의 증직(贈職)이 내려졌고 신계서원(新溪書院)에 봉향되었다.

序 ; 李明翔.

目錄.

世系圖, 年譜, 遺文, 挽, 祭文, 行狀, 墓誌銘, 墓道碑銘, 遺墟碑銘, 行錄, 言行劄錄, 家狀, 新溪書院開基告由文, 新溪書院奉安告由文, 新溪書院廟宇上樑文, 新溪書院講堂上樑文, 新溪書院追配時告由文, 晴暉堂重建上樑文, 晴暉堂重修上樑文, 晴暉堂重修記, 觀察使金公(誠一)請褒奬開錄 啓, 體察使李公(元翼)褒 啓, 士林呈道伯請褒狀, 士林請褒 贈疏, 士林再請褒 贈疏, 師友錄, 記聞錄, 請暉堂題詠, 立巖記.

跋 ; 李起喆.

다음은 경북대학교 도서관에 소장(1권) 중인 『청휘당선생실기』관련 정보이다.

이전결과 마크보기 출력 보관하기 컬렉션담기 책갈피추가 북마크공유 컨텐츠번호 : 2363514(2/10)

자료유형 : 국내고서
서명 / 저자 : 晴暉堂先生實記 / 李承 著.
개인저자 : 이 승.
판사항 : 木活字本.
발행사항 : [刊寫事項不明].
형태사항 : 1冊 : 四周雙邊 半廓 20.1 × 16.6 cm. 有界, 10行20字, 上下向二瓣花紋魚尾 ; 32.0 × 20.8 cm.
일반사항 : 서제: 表題 : 晴暉堂實記
서제: 版心題 : 晴暉堂先生實記
序 : 甲戌仲呂之月下澣宗後學嘉善大夫前宗正院卿明翔謹序 跋 : 十一世孫起喆敬識
분류번호 : 920.051

한줄 주석이 없습니다. 여러분의 의견을 다른 이용자와 공유해 보세요.

컨텐츠 한줄 주석 쓰기

› 태그
입력된 태그 정보가 없습니다.

› 소장자료
예약 희망도서신청 출력 HELP
중앙도서관

순번	등록번호	소장위치 [위치안내]	청구기호▲	도서상태	반납기한	부가기능
1	0724623	고서실	古東920.051 이58ㅊ	대출불가		

다음은 영남대학교 도서관에 소장(2권) 중인 1934년 발간된 『청휘당선생실기』관련 정보이다.

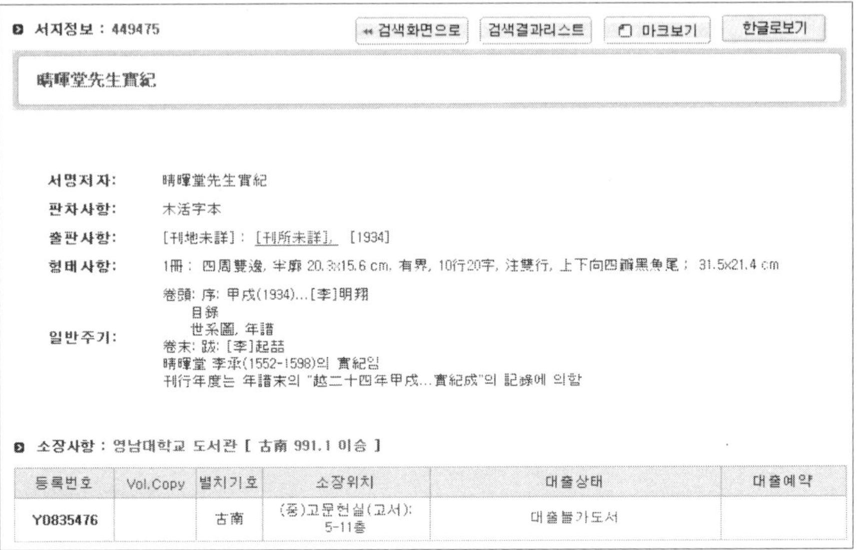

서지정보 : 449475　　검색화면으로　검색결과리스트　마크보기　한글로보기

晴暉堂先生實紀

서명저자: 晴暉堂先生實紀
판차사항: 木活字本
출판사항: [刊地未詳] : [刊所未詳], [1934]
형태사항: 1冊 : 四周雙邊, 半廓 20.3x15.6 cm, 有界, 10行20字, 注雙行, 上下向四瓣黑魚尾 ; 31.5x21.4 cm
일반주기: 卷頭: 序: 甲戌(1934)...[李]明翔
目錄
世系圖, 年譜
卷末: 跋: [李]起喆
晴暉堂 李承(1552-1598)의 實紀임
刊行年度는 年譜末의 "越二十四年甲戌...實紀成"의 記錄에 의함

소장사항 : 영남대학교 도서관 [古南 991.1 이승]

등록번호	Vol.Copy	별치기호	소장위치	대출상태	대출예약
Y0835476		古南	(중)고문헌실(고서): 5-11층	대출불가도서	

다음은 국립경상대학교 남명학고문헌시스템에 언급된『晴暉堂實紀 해제』에 관한 사항이다. (참고문헌 [17] 경상대학교 도서관 남명학 고문헌 시스템, http://nmh.gsnu.ac.kr/index.jsp 사이트 참조)

● 서지 사항

이 책은 조선중기 학자 晴暉堂 李承(1552-1598)의 문집으로, 93장 1책의 목활자본이다. 표제는 '晴暉堂實紀'로 되어 있으며, 內題와 版心題는 모두 '晴暉堂先生實紀'로 되어 있다. 四周雙邊에 界線이 있으며, 판심에는 上下內向二葉花紋魚尾가 있다. 매면은 10행 20자로 되어 있고, 註는 雙行이다. 반곽의 크기는 세로 20.1cm, 가로 15.5cm이다. 본 해제는 국립중앙도서관 소장본(한古朝 57-가590)을 저본으로 하였다.

● 간행 경위

후손과 유림이 이승의 아름다운 덕이 민멸되어 전해지지 않을까 염려해, 그의 言行과 교유했던 기록들을 수집하여 문집을 간행하려 하였다. 그러나 청휘당에 보관되어 오던 그의 글이 병화로 소실되어 모두 없어졌다. 그리하여 고을 사람들이 외우고 있던 것과 제현의 문집에 남아 전하는 제문·만시 등을 모아 간행하였다. 서문이 1934년에 지어졌으니, 아마도 이후에 간행된 것으로 보인다. 그러나 문집 간행에 관한 구체적 언급이 없어, 자세한 경위는 알 수 없다.

● 저자 소개 : 李承(1552-1598)

이승의 자는 善述, 호는 晴暉堂, 본관은 全州이다. 1552년 정월 20일, 경상북도 仁同 若木里에서 태어나 星州에서 살았다. 8세에 『소학』을 배웠고, 11세 봄에 『논어』를 읽었다. 18세 鄭逑와 金宇顒이 내방하였다. 두 사람은 이승의 誠孝가 독실하다는 소문을 듣고 찾아왔는데, 이때부터 명망이 자자하게 되었다. 19세 봄 퇴계 이황에게 집지하였다. 이전에 퇴계를 찾아가 『대학』의 의문 나는 점을 질의하고 한 달여 동안 강학한 적이 있었다. 20세 때 남명 조식을 배알하였다. 이해 가을 속리산을 유람하고 한양에 들렀다가, 楊州·果川·高陽에 있는 先塋에 성묘하였다. 이어 三角山을 유람하였다.

1573년 봄 晴暉堂을 重修하였고, 24세 때 김우옹·李嶙 등과 考盤洞에서 지냈다. 1580년 立巖精舍를 세웠다. 37세 때인1588년 천거되어 繕工監假監役에 제수되었으나 부임하지 않았다.

임진왜란이 일어나자 金沔과 함께 거창에서 의병을 일으켰다. 7월에 진군하여 高靈에 주둔한 왜구를 격파하였고, 8월 金山으로 진격하여 적을 크게 무찔렀다. 星州에서도 전공을 세웠으며, 9월에는 관군과 합세하여 知禮 지역의 왜구를 弁巖에서 격파하였다.

43세 때인 1594년 모친상을 당하였다. 龍起山城으로 군수물자를 운송하였다. 1597년 체찰사 이원익이 이승의 충효를 조정에 보고하였다. 47세 때인 1598년 3월 29일 병으로 淸州 末里 우거지에서 졸하였다. 그 다음해 고향 선영으로 返葬하였고, 1629년 掌苑署 別提에 증직되었다.그리고 1754년 新溪書院을 건립하여 제향되었다.

● 내용 개요

晴暉堂先生實紀序 (4)

1934년 4월 하순 이명상(李明翔)이 이기철(李起喆)의 청으로 지은 것으로, 요지는 다음과 같다. 文質이 彬彬해야 君子라 한다. 그러나 文이 뛰어나기보다는 質이 빼어난 것이 더 낫다. 오늘날 문장가들의 의논이 분분하지만 실질에 있어서는 제대로 된 것이 거의 없다. 청휘당의 文은 민멸되어서는 안 되는데 세월이 거듭될수록 없어지고, 병화를 겪어 남은 것이 없다. 그의 시를 읽으면 그의 豪爽한 기운과 典雅한 모습을 상상할 수 있으니, 그의 글은「출사표」나「귀거래사」에 비의할만 하다. 청휘당은 왕실의 近親으로서 世路에는 관심을 두지 않고, 영남으로 물러나 퇴계의 문하에서 수학하였다. 이때 정구·김우옹과 도의지교를 맺었으며, 산림에서 自樂하며 안빈낙도하였다. 임진왜란이 일어나자 분연히 떨치고 일어나 재산을 털어 의병을 모집하였고, 知禮·金山·성주에서 적을 크게 물리쳤다. 정유재란 때 호서지방으로 피했다가 그곳에서 세상을 떠났다.

世系圖(2)

이승의 6세조부터 이승에 이르기까지의 세계를 간략히 기록해 놓은 것이다. 이를 간추리면 다음과 같다.

李補(6세조, 효령대군) - 李寀(5세조, 誼城君) - 李恁(고조, 西林都正) - 李貞孫(증조부) - 李涑(조부) - 李希雲(부친) - 李承

年譜(8)

연보는 생애와 중복되므로 생략하기로 한다.

遺文(30)

이승이 남긴 유문은 오언절구 1수, 정구에게 질문한 편지 1편, 아들의 관례 때 만든 冠儀 1편이 전부다.

시 「與鄭寒岡逑李玉山起春金松菴沔朴大庵惺李六一軒弘量李洛濱弘宇諸公泛舟洛江分韻萬頃蒼波欲暮天得頃字」는 鄭逑·李起春·金沔·朴惺·李弘量·李弘宇 등과 낙동강에서 배를 타고 유람할 적에 '萬頃蒼波欲暮天'을 일곱 사람이 한 자씩 운자로 나누어 지은 것이다. 이승이 지은 시는 오언절구 1수이다. 뒤에 여섯 사람의 시가 함께 실려 있다.

「與鄭寒岡問目」은 1579년 이승이 정구에게 질의한 편지이다. '학자는 모름지기 세상의 부귀에 대한 생각을 제거해야 入道할 수 있는데, 有志之士가 아니어도 가능한가?'라는 이승의 질의에, 정구가 '古人은 오직 그 의리가 마땅한가 그렇지 않은가를 살펴 행할 뿐 이었다'고 답변하였다. 정구의 답장한 내용도 뒤에 기록되어 있다.

「冠儀」는 이승의 나이 35세 때인 1588년 정월 편찬한 것으로, 아들 李堉의 冠禮를 행할 때 쓴 것이다. 과거 사대부가에서 행해졌던 관례 절차를 상세히 기록하고 있다. 筮日·筮賓·告廟·戒賓·戒贊冠者如戒賓·宿賓·宿贊冠者如宿賓·告期·陳設·陳服器·迎賓·始加·再加·三加·字冠者·賓出·見廟·見尊長·禮賓·獻賓·賓酬主人·主人酬賓·酬弊·介酬主人·酬幣·獻衆賓禮·徹俎·賓出·衆子冠禮·始加·醮冠者 등의 항목으로 되어 있다.

附錄

挽(19)

여기에는 이승이 졸하였을 때 지인들이 지은 만장을 모아 놓은 것이다. 만장을 지은 사람은 다음과 같다. 金宇顒·朴廷璠·曺應仁·申活·金玉成·文景虎(2수)·文勵·裵應袞·金聲振(2수)·崔汝契·鄭仁涵·崔恒慶·金軸·李天培·河渾(2수)·李天封(2수)·鄭錘(2수)·李元翼·徐思遠·盧士誠·郭宗孝.

墓祭文(1)

이는 1605년 윤2월 28일 寒岡 鄭逑가 이승의 묘에 제사한 제문이다. 타고난 자질이 온순하고, 일찍부터 求道에 뜻을 두었으나 時運과 맞지 않아 자연을 벗 삼아 自樂하며 지냈다. 임진왜란 때 병으로 세상을 떠났으니 애석하다. 이승과는 골육의 정이 있어 친하게 따랐지만, 한강이 벼슬살이 하러 떠난 뒤 절친하게 지내지 못했음을 안타까워하였다.

行狀(8)

서문을 지은 李明翊이 지었다. 가계의 내력, 성장 및 수학 과정, 부모에 대한 효성, 임진란 때의 활동 등을 기록하고 있는데, 연보의 내용과 대동소이하다.

墓誌銘(6)

1610년에 寒岡 鄭逑가 지었다. 이승이 세상을 떠난 지 13년 뒤인 1610년 6월 4일 그의 부인이 별세하였다. 아들 李埥이 부친 곁에 合葬한 후 한강에게 청해 지은 것이다. 그 내용은 연보나 행장과 대동소이하다.

墓道碑銘(5)

승지 李晩燾(1842-1910)가 지었다. 이승이 세상을 떠나자 李元翼이 "도학에 있어서는 천년의 眞儒였고, 충효에 있어서는 백세의 표준이었다."라고 하였고, 한강 정구도 묘지명에서 "품부 받은 자질은 순정하고 덕은 후덕

하며, 자질은 魯鈍하고 학문에 힘썼다."고 칭송하였다는 점을 들어 이승의 학덕을 기리고 있다. 나머지는 연보나 행장과 유사하다.

遺墟碑銘(3)

이는 金道和(1825-1912)가 지은 유허비명으로 요지는 다음과 같다. 星山 新溪書院은 이승을 제사지내던 곳으로, 지금은 옛 터만 남아 있다. 이승은 효령대군의 후손이며, 정구·김우옹과 마음으로 깊이 사귀었고, 그의 도가 당대에 크게 쓰이지 않았지만 지금까지도 그 영향이 전해지고 있다.

行錄(6)

이는 이승의 셋째 아들 李壆이 지은 행록이다. 연보나 행장의 내용과 유사하다.

言行箚錄(29)

이는 1674년 5월 1일 이승의 손자 이이전(李爾銓)이 지은 것이다. 말미에 이이전의 後識가 붙어 있다. 연보나 행장 등의 내용과 중복되지 않는 부분을 적출하여 살펴보면 다음과 같다.

- 선생은 어려서부터 책을 보면 저변에 담긴 뜻을 좋아하였다. 남이 독서하는 것을 보면 기뻐하여 가만히 그 옆에 앉아서 들었다.
- 17세 때 화적떼가 난입하여 외할아버지를 해치려 하자, 선생이 몸을 덮쳐 보호하고는 자신을 대신 해치라 하였다. 그러자 적들이 두 사람을 모두 풀어주고, 집안에서 취했던 물건들을 돌려주고 갔다.
- 일찍이 말하기를 "독서는 학문하는 방법이다. 입으로만 외고 마음으로 그 실상을 터득하지 않으면 만 권을 읽더라도 끝내 무슨 이익이 있겠는가?"라고 하였다. 또 말하기를 "선유들은 이른바 하나라도 불선함이 있으면 알지 않음이 없었고, 이미 알았다면 고치지 않음이 없었다. 그

러므로 후회하는 데에 이르지 않았으니, 머지않아 회복되었다. 이것이 군자가 수신하는 도이다. 西山 眞德秀가 이르기를 '성현의 일을 행하고자 하면 반드시 세속의 욕심을 없애야 한다'고 하였고, 주자가 이르기를 '선을 옮기는 것은 바람같이 빠르게 하고, 허물을 고치는 것은 우레와 같이 맹렬하게 해야 한다'라고 하였는데, 이런 말들은 학문 하는 자가 가장 요긴하게 마음으로 새겨야 할 바이다."라고 하였다.

• 또 이르기를 "『심경』 한 책은 옛날 성현들이 마음을 전한 요지인데, 篁墩 程敏政의 『心經附註』는 의심이 없을 수 없다. 또한 한 편의 설을 말하는 데에서도 그의 사람됨과 학문 정도를 대개 알 수 있다. 퇴계선생이 『심경』에 後論을 발한 것은 대개 이 때문이다. 이것은 학자들이 응당 깊이 반성하고 통렬히 경계해야 할 바이다."라고 하였다.

• 선생은 國忌 때마다 반드시 소복을 하였고, 國喪을 당해서는 슬퍼하여 網巾을 쓰고 삼베옷을 입고서 3년을 지냈다.

• 동강 김우옹이 오랜만에 선생을 만나 10여 일을 머물게 하였다. 어느 날 술상을 차려놓고서 선생을 맞이했는데, 자기 小室을 불러 절을 올리게 하였다. 선생이 말하기를 "어찌하여 이러시요?"라고 하자, 동강이 말하기를 "공은 실로 나를 가르쳐준 분입니다."라고 하였다. 여기서 두 선생의 지극한 道義之敎를 엿볼 수 있다.

• 선생이 청량산에서 돌아 와 善山에 이르러 김씨 집안으로 시집간 누이를 방문했다. 그리고 동강 김우옹에게 편지를 써서 '학교를 홍기시키고, 농사와 양잠을 권장하며, 士友를 대우하며, 노인을 봉양하고, 고아·홀아비·과부를 구휼하며, 백성에게 관대하게 대하고, 관리는 법으로 다스리는 데 힘쓰라'고 하였다.

• 선생이 한강 정구와 한 고개를 사이에 두고 살며 왕래하였다. 서로 베

개를 나란히 하고 책상을 마주하고서 날마다 강마하였는데, 그 情義가 다른 제현들에 비해 배나 돈독하였다. 한강 또한 그를 공경하고 중히 여겨 늘 말하기를 "아무개는 나의 畏友이다."라고 하였다.

- 선생은 늘 훈계의 말을 써서 자식들에게 남겼는데, 모두 일상생활에서 요긴한 말이었다. '忠孝和忍' 네 글자로써 한 편의 요강을 삼았다.
- 선생이 명산이나 절경을 두루 유람하지 않은 곳이 없었는데, 유독 금강산을 찾지 못함을 한으로 여겼다. 어느 날 茅谿 文緯와 함께 출발하기로 약속을 했는데, 문위가 병이 나 실행하지 못하였다. 선생은 산야에서 살았지만 나라를 근심하고 시절을 걱정하는 마음은 보통 사람의 배나 되어, 조정에서 한 가지라도 잘못된 정사를 펴면 크게 탄식하지 않음이 없었다.
- 임진년 4월 兵禍가 일어나 御駕가 서쪽으로 행차하였다. 선생은 울면서 어머니께 고한 후 어가 행렬을 따라 호송하였다. 적이 온 나라에 두루 퍼져 있고 길이 막혀 통하지 않았다. 이에 재산을 털어 무기를 만들고 군량을 모아 창의하였다.
- 선생이 또한 大將 金沔과 함께 모의하여 星州의 적을 격파하였다. 적들이 沙月에 주둔하고 있었는데, 부장에게 명하여 군사를 거느리고 진격하여 포위케 하고 종일 독려했으나 함락하지 못하였다. 다음에 다시 싸우기로 하였는데, 적이 밤새 開寧의 적에게 구원을 청하여, 날이 밝기도 전에 많은 적이 明巖으로 침입해 왔다. 우리 군대가 깜짝 놀라 출전했으나 일시에 붕괴되어 죽은 자들이 많았다. 선생께서 일찍이 '의병을 일으킨 후 당한 패배는 이때보다 심한 경우가 없었다'고 하였다.
- 선생이 대장 김면과 함께 성주 茂溪에서 적을 물리쳤다. 전쟁이 한창일 때 잠복하고 있던 적병들이 뒤에서 공격하는 바람에 우리 군대가

크게 패하여, 諸將들 중 당하거나 위기에 처한 자들이 많았다. 선생이 조용히 진중의 제장들을 돌아보며 말하기를 "우리는 이 적들의 魚肉이 될지언정 차라리 죽음으로써 신하의 직책을 온전히 하는 것이 옳을 것이다."라고 하니, 김면 대장이 말하기를 "내가 여러 제장들을 살펴봄에 진중에 임할 때마다 두려워하지 않은 이가 없었는데, 유독 공만이 두려워하는 안색이 없었다. 내가 이 점을 의롭다고 여겼는데, 오늘 더욱 金石 같은 충심을 보았다."라고 하였다.

• 이때 諭書가 義州 행재소에서 군중으로 당도했다. 선생과 김면 대장이 여러 제장들을 모아놓고 焚香하고서 꿇어앉아 읽으며 통곡하였다. 온 군중이 두 선생의 독실한 忠義에 감동하였다.

• 선생이 병마를 달릴 때 여러 차례 무기를 걱정하였으나 뜻을 채 이루기도 전에 모친상을 당하였다. 상중에도 가산 6백여 석을 팔아 활 만드는 공인과 冶匠 10여 인을 모아, 활과 화살 각 5백 장, 검 20자루, 창 70자루를 만들어 龍起山城으로 실어 보내 군수용품에 보태게 하였다. 이후 정유재란 때 병기와 군량이 탕진되어 여분이 없었다. 성주목사 李守一과 병사 鄭起龍이 이를 취하여 요긴하게 사용하였다. 이때 이원익이 체찰사로서 성주에 주재하고 있었는데, 선생의 충심을 가상히 여기고, 또 집에 있을 때의 아름다운 行誼를 듣고 포상해 달라는 장계를 올렸다. 선생이 굳이 사양하여 그만두었다. 그때 이원익의 막하에 있던 낭관이 명을 받아 조정으로 돌아가 선생의 전후 일을 진달하였는데, 임금이 일컫기를 "이 사람은 분명 작년에 領相[柳成龍]이 나에게 말한 그 사람일 것이다."라고 하였다.

• 선생의 저술은 임진왜란에 불타고 또 을해년에도 불에 타, 『官儀』와 日記만이 집안에 소장되어 있다.

• 선생은 본래 4형제 중 둘째였는데, 宗家에 양자로 들어갔다. 만형이 일찍 세상을 떠났고, 두 동생 또한 전란 중에 요절하였다. 선생이 큰 형수를 맞이해 봉양하고 그 후사를 세워주려 하였다. 그러나 형수가 곧 세상을 떠나는 바람에 뜻을 이루지 못하였다.
• 정유년에 남쪽 지방에 적이 창궐하여 지나는 곳마다 잔혹함이 임진년보다 심하였다. 이에 무술년 3월 10일 가솔을 이끌고 출발하여, 26일 淸州의 末里에 사는 인척 申景汶의 집에 당도하였다. 그때 숙환이 도져 29일 세상을 떠났다.

家狀(14)

이승의 10세손 李漢儀가 지은 것이다.

新溪書院開基告由文(1)

진사 呂文和가 지었다. 신계서원의 터를 닦을 때 고유한 글이다.

新溪書院奉安告由文(2)

진사 宋泰基가 지었다. 신계서원에 이승의 신위를 봉안할 때 고유한 글이다.

新溪書院廟宇上樑文(4)

진사 呂文和가 지었다. 신계서원의 사당을 지으면서 上樑할 때 지은 글이다.

新溪書院講堂上樑文(5)

생원 呂八擧가 지었다. 신계서원 강당을 지으면서 上樑할 때 지은 글이다.

新溪書院追配時告由文(1)

참판 李源祚가 지은 것으로, 신계서원에 이승을 추배할 때의 고유문이다.

晴暉堂重建上樑文(4)

진사 朴思敎이 지은 것으로, 청휘당을 중건할 때의 上樑하는 글이다.

晴暉堂重修上樑文(3)

장령 李奎鎭이 지은 것으로, 청휘당을 중수할 때 上樑하는 글이다.

晴暉堂重修記(2)

宗正院卿 李明翔이 이승의 후손 李起喆의 청으로 지은 것이다. 영남의 명승지로는 伽倻만한 곳이 없는데, 가야의 맑은 기운이 모두 성주의 新塘에 모여 있다. 옛날 명현·석학이 청아한 기운을 좋아하여 이곳에 깃든 이가 많았는데, 서쪽은 고운 최치원이 은거하던 곳이고, 북쪽은 한강 정구가 만년을 보낸 곳이다. 이승은 신당에 살았다. 세월이 오래되어 선생의 유풍과 儒雅함은 다시 볼 수 없고, 남은 것이라곤 안개 낀 泉石과 별천지 같은 洞天뿐이다. 이에 후손들이 그 추모의 정을 모아 중수하였다.

觀察使金公誠一請褒奬開錄啓(1)

경상좌도 관찰사 金誠一이 의병을 일으킨 자들을 포상해 달라 청한 장계이다. 나라를 위하고 적을 토벌한 이들의 뜻을 가감하지 않더라도, 국가에서 功을 포상하고 忠을 현양하는 법도에 흠이 되는 듯하다. 그러므로 의병을 倡起한 이들과 그들 수하에 종사하여 공헌한 자들을 뒤에 적어 조정에서 포상하는 데 참조하도록 하였다. 특히 김성일은 星州·고령·함양 지역의 대장이자 합천군수인 金沔, 運糧差使員 朴惺, 참모인 현풍의 郭趪, 성주의 忠義衛 李承, 거창의 文緯와 尹景南, 軍器有司인 거창의 愼守, 軍糧有司 卞希璜, 戰馬有司인 거창의 梁緬, 그리고 대장을 수행하여 전쟁에 참여한 사람들을 거론하였다.

體察使李公元翼褒啓(2)

본문의 제목은 '完平李相國元翼褒啓'라 되어 있다. 1597년 이원익이 李

承과 醴泉 사람 李應敏을 포상해 달라 청한 장계이다. 이응민은 1593년 6월 창의하여 수백 명의 적을 물리쳤고, 이듬해 10월 錦城 전투에서 우리 군대가 대패할 때 홀로 맞서 싸웠고, 결국에는 포로로 잡혔다가 자결하였다. 이원익은 이승에 대해 부모에게 효성을 다한 점, 어려서 시묘살이 한 점, 임진란 때 御駕가 몽진했다는 소식을 듣고 호종하려다 모친상을 당해 실행하지 못하고 대신 가산을 털어 무기를 조달한 점 등을 거론하였다.

士林呈道伯請褒狀(6)

본문의 제목은 '士林呈巡相請褒啓狀'이라 되어 있다. 1688년 李光彦 등 230여 명의 지역 사림이 관찰사에게 이승을 포상해 줄 것을 청한 장계이다. 가계의 내력, 수학 과정, 부모에 대한 효성, 임진년과 정유년 난리 때의 역할 등이 상세히 실려 있다. 이원익의 장계, 또 1677년에 李章奎 등 50여 명의 사림이 장계를 올렸음에도 불구하고 아직 거행되지 않고 있다고 하소연하였다.

士林請褒贈疏(7)

1677년 李章奎 등 50여 명의 사림이 올린 장계이다. 내용은 위와 대동소이하다. 이에 대한 비답으로 "소를 살펴보니 李承의 충효를 다 갖추었다. 그런데도 아직 포상하고 추증하지 않았으니, 이는 실로 많은 선비들이 미덥지 않게 여기는 바이다. 마땅히 해당 관청에서 처리하도록 하라."고 하였다.

士林再請褒贈疏(5)

이장규 등의 상소로 인해 해당 관청에서 처리하라는 비답이 있었음에도 褒贈되지 않자, 다시 청한 상소이다. 작성연대는 자세치 않다.

師友錄(14)

이승의 스승과 벗들을 적어 놓은 것으로, 스승에는 退溪 李滉과 南冥 曺植이 있고, 벗으로는 鄭逑·金宇顒·張顯光·李景明·朴惺·徐思遠·郭趪·宋思

頤·金宇宏·郭·崔永慶·鄭師哲·李淳·李弘器·金聃壽·李偁·朴齊仁·朴潔·鄭崑壽·李起春·金沔·李仁愷·李仁恢·全八顧·李瀞·盧士誠·朴而章·鄭光天·金應成·朴廷璠·文緯·郭赾·文景虎·李厚慶·李道孜 등이 있다.

記聞錄(1)

이는 효령대군의『淸權輯遺』에 실린 글이다. 이승의 집안내력, 성학과정, 임진년의 활동 등은 여타의 기록과 유사하다. 사림이 '忠孝道德'으로 포상해 줄 것을 청하는 장계를 올린 후 別提에 추증되었다는 기록이 있다.

晴暉堂題詠(3)

寒岡 鄭逑가 청휘당을 두고 읊은 2수의 시가 실려 있다. 칠언의 절구와 율시 각 1수씩이다. 말미에는 1674년 李爾銓이 쓴「晴暉堂詩帖後跋 」이 붙어 있다.

立巖記(1)

이는 眉叟 許穆이 지은 기문이다. 입암은 이승이 살던 곳의 바위이다. 이 바위는 無極에서 시작해 太極에 서서, 푸른 벼랑을 등지고 푸른 물결에 임해 있으니, 그 빼어난 절경은 우리 동방에서 으뜸이다. 사군자들이 이 바위처럼 綱常을 부여잡고 大倫에 우뚝 서서 지조를 바꾸지 않는다면, 젊은이들이 이곳을 아끼고 거처할 것이다.

跋(3)

이승의 11세손 李起喆이 지었다. 이승의 저술을 청휘당에 보관하고 있었는데, 병화로 소실되어 남아있지 않으니 진면목을 확인할 길이 없다. 그나마 고을의 인사들이 암송하던 것과 제현들의 만시와 제문이 남아 있는 것을 모아 실기를 만들었다.

[강정화]

다음은 청휘당 이승 14대 조부님의 맏아드님이시고, 13대 조부님이신 이경 조부님의 큰 형님이신 심원당 이육 조부님께서 쓰신 글이다. (참고문헌 [17] 경상대학교 도서관 남명학 고문헌 시스템, http://nmh.gsnu.ac.kr/index.jsp 사이트 참조)

● 서지 사항

이 책은 李堉(1572-1637)의 문집으로, 4권 2책의 石版本이다. 表題와 內題는 『心遠堂集』이고, 版心題는 『心遠堂先生文集』이다. 책의 크기는 가로 19.3cm 세로 27.5cm이고, 半郭의 크기는 가로 15.1cm, 세로 20.1cm이다. 匡郭의 사방 경계는 굵고 가는 두 줄로 처리되어있으며, 행간에 界線이 있고, 版心에는 上에 안쪽으로 향하는 모양의 二葉花紋魚尾가 있다. 半郭은 10행으로 되어 있으며, 각행에는 20字씩 들어 있고, 주석은 小字雙行으로 되어 있다. 서문 2판, 목록 5판 등 책머리에 7판이 있고, 1권이 25판, 2권이 37판, 3권이 51판, 4권이 27판이다. 책머리와 1권, 2권을 합친 69판이 제1책으로, 3권과 4권을 합친 78판이 제2책으로 되어 있다. 이 해제는 국립중앙도서관에 소장되어 있는 『심원당선생문집』(청구기호 古3648-62-653-1)을 저본으로 삼았다. 동종의 문집이 한국국학진흥원에 소장되어 있다. 서문은 張祚鉉이 썼고, 발문은 이육의 증손 李宗老와 10세 嗣孫 李起夏가 썼다.

● 간행 경위

이육의 言行에 대한 기록이 남아 있었으나, 오랜 동안 정리되지 못하다가 1767년 증손 李宗老에 의해서 4編 2卷으로 필사하여 『心遠堂遺錄』이라 이름하였다. 그러나 『심원당유록』은 여러 차례 병화로 약간 권만 남게 되었다. 이육의 10세손 李起夏의 주도하에 남아 있는 詩,,書文, 言行錄 등을 교정하고, 張祚鉉이 서문을, 金榥이 李堉의 묘갈명을, 李起轍이 李堉의 행장을 지어서 1967년 『心遠堂先生文集』으로 간행되었다.

● 저자 소개 : 李堉(1572-1637)

李堉(1572-1637)의 자는 士厚, 호는 心遠堂, 본관은 全州다. 태종의 둘째 아들 효녕대군 李補의 7대손이다. 증조부 함흥 판관 李涑은 朱溪君 李深源의 門人이다. 연산군대에 갑자사화로 스승인 李深源이 화를 당하자, 李涑은 서울을 떠나 仁同으로 남하하였고, 만년에 星州 新塘村에 거주하였다. 증조부가 성주에 거주한 이후로 이 지역에 世居하게 되었다. 부친은 李滉, 曺植 문인이며, 洛江七賢으로 일컬어지는 晴暉堂 李承이다. 어머니는 同副承旨 李景明의 따님이다.

李堉은 1573년 성주 扶老洞 외가에서 태어났다. 1585년 부친의 명으로 東岡 金宇顒의 문하에서 3년간 經史子集을, 1587년 寒岡 鄭逑의 문하에서 『心經』·『近思錄』 등을 공부하였다. 李堉은 曺植의 문인인 부친 이승과 스승 김우옹·정구의 영향으로 자연스럽게 조식의 학문을 접하게 되었다. 특히 정구로부터 조식과 정구 사이의 일화, 『南冥集』에 대한 정구의 견해 등을 들었다. 또한 1606년 정구를 따라 龍巖書院·德山書院을 방문하기도 하였다.

이육은 두 차례 과거에 실패한 후 科業을 그만두고, 오로지 학문에만 정진하였다. 1608년 영남 사림들과 함께 五賢文廟從祀를 청하는 上疏를 올려서 윤허를 받았다. 1622년에는 스승 정구를 위해 회연서원을 건립하였고, 다음 해에는 정구의 언행록을 찬하였다.

이육은 예학과 심경에 조예가 깊었다. 이육은 예에 있어 의심이 생길 때마다 스승인 정구에게 글을 올려 답을 듣고, 문답의 내용을 정리해 두었는데, 그 내용은 문집에 실려 있다. 이육의 심학에 대한 저술은 남아 있지 않아서 경향을 알 수는 없으나, 東溟 金世濂은 이육의 敬說을 듣고 탄복하였다고 한다.

● 내용 개요

心遠堂先生文集序(4)

1957년 張祚鉉이 지었다. 성인이 사람을 논할 때 父兄과 師友가 근본이 된다고 하였다. 심원당 선생의 成德은 부형과 사우에 힘입은 것이다. 선생은 자신을 닦는 데에 돈독히 하고 저술을 즐겨하지 않았다. 남아 있던 저술은 여러 차례 병화로 소실되고 남아 있는 것은 시와 편지, 그리고 師門言行錄 약간이었다. 10세손 이기하(李起夏)와 친족이 誤字를 교정하고 序文을 쓰도록 청하였다. 이러한 일을 맡은 것은 선생이 조모의 방계 선조이기 때문이다. 평소에 감동한 바를 알려서 선생의 成德을 보일 뿐이다.

【권1】

詩(38)

溪堂會席陪寒岡鄭先生追次洛江舟中與同門諸公以萬頃蒼波欲暮天分韻欲字〈附諸賢韻: 鄭樟, 李道由, 善胤, 辛邦楫, 李宜潤, 李道孜, 仲美〉, 溪堂會席陪鄭先生與同門諸公以日用無餘功相看俱努力分韻得俱字〈附諸賢韻: 李宜潤, 李道孜, 李道由, 辛邦楫, 朴宗緖, 曺以復, 李厚慶, 金應龍, 朴明善〉, 洛江舟中陪鄭先生與同門諸公唱酬〈附諸賢韻: 金中淸, 李, 李彦英, 李潤雨, 李天封, 裵尙龍, 李蘭貴, 李命龍〉, 舟中與申順夫之悌唱酬〈附諸賢韻: 李潤雨, 申之悌, 李, 李天封, 李厚慶, 李道孜〉, 東岡金先生挽, 寒岡鄭先生挽, 挽金永川知福, 挽內舅李公, 挽鄭平甫錘, 挽李新之濯, 挽李子會重茂, 挽金養叔大鼎, 挽李陰城厚慶, 贈裵子章尙龍, 挽李茂甫文雨, 挽金謹甫廷稷, 宿安谷驛, 旅寓不寐秉燭以書, 謝裵子章邀余未赴, 聞裵子章被拿, 聞子章放還, 挽裵季章尙虎, 挽文剛哉必陽, 挽李茂伯潤雨, 挽李叔發天封, 挽金志遠轃, 挽張德優顯道, 挽金主簿天渫, 挽族丈和彦希雍, 挽李順迪, 挽金元老甲齡, 挽李洎, 挽朴僉知明佑, 哭鄭叔和天濡

書

上寒岡先生問目(8)

스승인 정구에게 올렸던 8개의 질문과 그에 대한 정구의 답변이 정리되어 있다. 『한강집』 권5에도 이 내용이 실려 있는데, 질문 항목이 6개로 2개의 질문이 누락되어 있다. 8개의 질문 중에 7개는 喪禮와 祭禮에 대한 것이고, 1개는 김우옹 사우 건립에 대한 것이다. 질문의 내용을 자세히 살펴보면 다음과 같다. 첫째 鄕賢인 김우옹의 사우 건립에 대한 의견이 일치되지 않아 지체되니 속히 지휘하여 처리하게 할 것인가에 대한 여부, 둘째 모친을 부친의 묘에 祔葬할 때 모친의 舊墓에 대한 告儀와 告文을 어떻게 해야 하는지, 셋째 魂帛이 乘車되고 분향한 후 묘에 가서 婦人들이 관 앞에서 哭을 하는 것이 어떤지, 넷째 부친의 新棺과 舊棺의 長短이 가지런하지 않은 것은 어떻게 해야 하는지, 다섯째 題主은 黑團領을 입어야 하는지 아니면 素服을 입어야 하는지, 여섯째 程子가 喪後 3년이 되어야 祔祭한다고 하였다는 說에 대한 것, 일곱째 선조의 墓制를 행할 때 祝文과 酌獻은 어떻게 해야 하는지 그리고 山神祭는 어떻게 해야 하는지, 여덟째 17살로 부친상을 당한 조카의 관례를 상중에 행해야 하는지 아니면 탈상한 후에 행해야 할지 등을 질문하였다.

與裵子章(3)

동문인 裵尙龍에게 보낸 안부 편지이다. (선생의 편지 뒤에 裵尙龍의 편지를 부록하였다.)

【권2】

祝文

檜淵書院東岡先生常享祝文

檜淵書院에서 김우옹 常享에 올린 축문이다.

祭文

祭東岡先生文(4)

1603년 東岡 金宇顒(1540-1603)의 서거를 애도한 제문이다.

祭寒岡先生文(5)

1620년 寒岡 鄭逑(1543-1620)의 서거를 애도한 제문이다.

又祭寒岡先生文(1)

이육이 晴川書院의 院長으로 재임할 때 士林과 聯名으로 寒岡 鄭逑를 위해 지은 제문이다.

又祭寒岡先生文(1)

1622년 정구의 大祥에 지은 제문이다.

祭朴參判而長文(3)

1622년 龍潭 朴而章(1547-1622)의 서거를 애도한 제문이다.

祭裵季章文(3)

1632년 愧齋 裵尙虎(1594-1632)의 서거를 애도한 제문이다.

祭文剛哉文(3)

文必陽의 서거를 애도한 제문이다.

祭張德優文(1)

1634년 月浦 張顯道(1563-1634)의 서거를 애도한 제문이다.

祭李茂伯文(3)

石潭 李潤雨(1569-1634)의 서거를 애도한 제문이다.

祭李叔發文(2)

白川 李天封(1567-1634)의 서거를 애도한 제문이다.

祭朴君擇(1)

朴明善의 서거를 애도한 제문이다.

祭鄭平甫文(2)

養拙齋 鄭錘(1573-1612)의 서거를 애도한 제문이다.

祭金志遠文(2)

1635년 雲庵 金轃(1564-1635)의 서거를 애도한 제문이다.

祭金主簿天渫(2)

主簿 金天渫의 서거를 애도한 제문이다.

祭李泊文(1)

李泊의 서거를 애도한 제문이다.

哀辭

再從弟光彦哀辭(3)

1618년 再從弟 李瑢(1589-1618)의 서거를 애도한 哀辭이다.

行狀

遯翁朴公行狀(5)

遯翁 朴玢衢(1574-1627)의 행적을 정리한 행장이다.

行錄

先祖孝寧大君行略(3)

선생의 七代祖인 孝寧大君 李補(1396- 1486)의 행적을 기록하였다.

寒岡先生言行錄(24)

1623년 선생이 寒岡 鄭逑 門下에 드나들면서 듣고 보고 했던 스승 鄭逑의 언행을 정리한 것이다. 寒岡이 東岡 金宇顒과 함께 南冥 선생을 병문안했을 때 南冥 선생이 정구를 칭찬한 내용, 1603년 겨울 鄭仁弘이 편찬한 『南冥集』에 대해서 鄭逑가 언급했던 내용 등이 담겨 있다.

新淵宋公行略(2)

新淵 宋師頤(1519-1592)의 행적을 기록한 것이다. 宋師頤은 七峰 金希參(1507-1560)을 따라 남명 선생 문하에서 수업하였는데, 남명 선생이 宋師頤의 德行을 칭찬하였다.

先考晴暉堂先生行錄(5)

1598년 선생이 부친인 晴暉堂 李承(1552- 1598)의 행적을 기록하였다.

【권4】

附錄

輓詞(18)

선생의 죽음을 애도하기 위해 지인들이 지은 輓詞 38건이 실려 있다. 지은이는 桐溪 鄭蘊, 查翁 朴明胤, 竹軒 崔恒慶, 曺希仁, 月磵 李坱, 姜翼文, 藤菴 裵尙龍, 文景晉, 菊園 金廷堅, 无悶堂 朴絪, 石村 呂燦, 松庵 金軸, 郭龍伯, 退隱 金櫶, 鄭昌詩, 梅山 朴敏修, 畸翁 朴弘衢, 投巖 蔡夢硯, 姓名缺, 竹圃 李見龍, 盋菴 李道輔, 鶴峯 崔, 復齋 李道孜, 松灘 鄭弘緖, 曺挺融, 栢堂 朴宗緖, 寒竹 李道昌, 洛邨 李道長, 李惟碩, 朴震昌, 訥齋 宋敏

求, 金以潤, 知分軒 張以兪, 學淵 朴震耉, 雲溪 鄭弘錫, 尹瑀, 癡軒 朴斯立 등이다.

祭文(29)

선생의 서거를 애도한 제문 11건이 실려 있다. 지은이는 지인, 문인, 친족으로 裵尙龍, 朴震耉, 崔, 巖浦 李珀, 金以謙, 尹瑀, 宋時綱, 朴斯立, 平巖 裵舜裳, 認菴 李壆, 旬白堂 李垌 등이다.

行狀(11)

선생의 10세 族孫 李起轍이 선생을 위해 지은 행장이다.

墓碣銘(6)

金榥(1896-1978)이 찬하였다.

墓誌銘(3)

槎翁 朴明胤(1566-1649)이 찬하였다.

遺事(35)

1674년 이육의 차남 이이전(李爾銓)(1616-1684)이 선생의 行狀과 墓碣이 없는 것을 애석하게 여겨서 年譜 형식을 취하여 이육의 11세부터 사망하기까지의 행적을 적은 것이다.

【권4】

寒岡先生往復書

與李士厚(1)

1601년 1월 정구가 이육에게 보낸 편지이다. 지난달 11일에 盧勝에게 시집간 차녀가 사망하였다는 소식을 전하였다.

答李士厚(1)

1603년 겨울에 정구가 이육이 아프다는 소식을 듣고 보낸 안부 편지이다.

又(1)

1603년 12월 정구가 이육에게 보낸 편지로 金宇顒의 장례 일정에 대해서 언급하였다.

與李士厚

1604년 겨울 정구가 이육에게 보낸 편지로 산에 가서 본 풍경을 함께 보지 못하는 것을 애석해 하였다.

答李士厚(1)

1605년 봄에 이육이 대구로 경상좌도 관찰사를 만나러 가면서 보낸 편지에 대한 정구의 답장으로 이육이 돌아오는 길에 만나자고 하였다.

與李士厚(1)

정구가 1607년 5월 안동부사로 재임하던 당시 이육에게 보낸 편지로 모친의 병환이 어떠한지 물었다.

又(1)

1608년 가을 정구가 보낸 편지이다. 자신이 金陵에 도착하였는데 이육이 상소를 가지고 서울에 가서 만나지 못했는데, 이육의 편지를 받아서 위로가 된다면서 안부를 전하였다.

又(1)

1608년 8월 정구가 상소를 가지고 서울로 간 이육에게 보낸 편지이다. 자신의 여식과 동행할 수 있는지 혹 동행할 수 없다면 선처를 부탁하였다.

答李士厚三昆仲(1)

1611년 1월 3일에 정구가 보낸 답장으로 돌아가신 이육 모친의 誌文에 대해서 언급하였다.

又(1)

1611년에 정구가 보낸 편지로 이육 모친의 誌文을 조급하게 사용하지 말고 기다리라고 하였다.

又(1)

1611년에 정구가 보낸 답장이다. 이육과 가까이 있어도 만나지 못했는데 편지를 보내주어 위로가 된다고 하며 안부를 전하였다.

又(1)

1612년 겨울에 정구가 보낸 편지이다. 이육의 동생 李埱·李堲의 편지를 받아서 위로가 되었다고 하면서 이육의 娣夫 鄭錘의 병세에 대해서 걱정하였다.

與士厚(1)

1618년 12월 22일 정구가 보낸 편지이다. 이육이 조카를 통해서 보내준 생선에 대해 고맙다고 하였다.

又(1)

1619년 가을 정구가 보낸 편지이다. 자신은 風痺를 치료하기 위해 집을 떠난 지 4달째이고, 지금 海亭에 온 지도 보름이 지났는데 차도가 없다고 하였다.

與士厚子章(1)

1619년 8월 이육, 배상룡에게 보낸 편지이다. 風痺를 치료하기 위해 3번 목욕을 했으나 차도가 없으니 자신이 조속히 돌아갈 수 있도록 人馬를 보내주기를 기다린다고 하였다.

與士厚子章及鄕中諸賢契

1619년 10월 寒岡 선생이 이육, 배상룡 그리고 계원들에게 보낸 편지이다. 자신은 어제 집으로 돌아왔으니 자신을 위해서 맞이하기 위해서 人馬를 보내는 헛된 노고는 하지 말도록 당부하였다.

與士厚(1)

1619년 겨울 정구가 이육에게 보낸 편지이다. 이육이 보낸 神仙爐는 성의를 생각해서 두었으나, 그대의 집에서 사용하는 것이 좋을 것 같아 돌려 보낸다고 하였다.

又(1)

1619년 12월 27일 정구가 보낸 답장으로 이육 弟嫂의 사망 소식에 대해 언급하였다.

師友錄(35)

심원당의 스승과 동문 그리고 문인을 기재한 것이다. 스승은 東岡 金宇顒, 寒岡 鄭逑이다. 동문은 金行可, 徐思遠, 郭趪, 鄭光天, 文緝, 郭赾, 宋光廷, 李厚慶, 李三益, 李道孜, 蔡夢硯, 張顯道, 崔晛, 金轃, 李宜潤, 吳長, 李明志, 朴明彦, 朴明胤, 李, 李天封, 李重茂, 李彦英, 李潤雨, 鄭蘊, 鄭樟, 朴明榑, 鄭弘緖, 李文雨, 鄭錘, 裵尙龍, 李濯, 金孝可, 李滃, 鄭銑, 李見龍, 李埱, 崔, 李善立, 李堭, 李增, 李道輔, 朴狃衢, 李埛 등이다. 문인은 李墖, 李墀, 裵舜裳, 洪汝業, 金以謙, 朴斯立, 朴翻 등이다.

遺稿原識(2)

1767년 이육의 증손 李宗老가 지었다. 이육의 遺言과 遺行이 가문의 아름다운 법으로 전해져 보관되어왔으나, 미처 책의 자료가 될 만한 것을 정리하지 못하였다. 이제 族孫 李挺漢이 베껴 쓰고, 내용을 4編으로 나누어 2권으로 만들고 『心遠堂遺錄』이라 하였다.

跋(2)

1967년 李堉의 10세 嗣孫 李起夏가 지었다. 『心遠堂遺錄』이 여러 번의 병화로 약간 권만 남아 있었으나 잘못 베껴 쓰고 서로 섞인 부분이 있었다. 문집을 교정하고, 晦溪 張祚鉉이 서언을, 重齋 金榥이 묘갈명을, 李起轍이 行狀을 지었다. 이제 문집 간행으로 心遠堂 선생의 師友 연원과 학문의 심오함을 후세에 전하게 되었다.

[원창애]

다음은, 1992년도 경상북도 문화재위원회에서 조사된 성주 〈청휘당(晴

경상북도 문화재위원회 회의록

7. 文化財名 : 晴 暉 堂

가. 調 査 者 : 張 錫 河 專門委員

나. 所 在 地 : 星州郡 修倫面 新坡里 131-8

다. 所 有 者 : 全州李氏 晴暉堂派 宗會

라. 種　 別 : 有形文化財

마. 建立年代 : 朝鮮 後期

바. 規　 模 : 3棟

1) 晴 暉 堂 : 正面 4間, 側面 1間, 홑처마, 박공지붕
2) 管 理 舍 : 正面 3間, 側面 1間半, 겹처마, 팔작지붕
3) 솟을삼문 : 正面 3間, 側面 1間, 홑처마, 솟을삼문

사. 現　 狀

全州人 孝寧大君의 6世孫인 晴暉堂 李承 先生(1552~1598)이 藏修之所로 사용하던 건물이라 전한다.

晴暉堂 이승 선생은 임진왜란 때 거창, 성주, 고령 등지에서 松庵 金沔 先生과 함께 義兵을 일으켰고, 退溪門下에서 修學하였으며, 忠孝擧行으로도 이름이 높으시다.

선생이 돌아가시고 난 후 新溪書院에 配享되어 享祀를 지내왔으나 書院毁撤令에 의해 없어지고 지금 본 건물이 齋舍로 사용되고 있다. 「大伽倻文化叢書 7 洛江七賢」에 의하면 본 건물의 初創은 알 수 없고 선생이 23세(1574년)때 新塘村茅屋을 增修하여 「晴暉堂」이라고 揭板하였다고 기록하고 있다.

자연석 기단 위에 南向으로 8자간살의 4간홑집을 세웠다. 中央 3間의 마루를 중심으로 下, 右에 온돌방을 두었다. 온돌방 전면은 양측을 동일하게 툇마루를 중앙마루보다 한단 높게 설치하여 외부에서 출입이 용이하게 하였다. 방의 천정은 고미반자로 마감하고 우측온돌방 측벽에 창틀이 남아 있어 과거에 측면 출입도 있었음을 알 수 있다.

창호구성은 온돌방 전면은 쌍여닫이 세살문으로 하고 마루와는 궁판을 끼운 외여닫이 교살문을 달았다. 그리고 마루 후편은 통머름 위에 쌍여닫이 판문을 달았다.

몸체는 圓柱에 翼工을 얹었다. 익공의 형상을 살펴보면 살미단이 斜切된 仰舌形으로 상부에 蓮椿을 線刻하였고, 樑頭 前面은 鳳頭形象을 刻하여 장식하고 있다. 그리고 山彌 뒷뿌리는 大樑을 보강하기 위한 보아지로 선각하였다. 상부가구는 3량으로 결구되고, 마루상부의 대공은 파련대공으로 宗樑을 지지하게 하였다. 건물의 규모가 작으면서도 宗樑長舌을 2重하고 쪽소로를 양쪽으로 끼웠다.

– 732 –

暉當)〉 문화재 조사관련 서류이다. ([참고문헌 10] (국회도서관, 사이트 http://www.nanet.go.kr/main.jsp 전자검색, "청휘당"으로 검색)

- 慶尙北道 文化財委員會 會議錄 :會議書類·報告書 및 會議錄,1992-1994 / 慶尙北道 [편]

'91년도 제2회 지방문화재위원회지정 조사보고서

아. 調査者 意見

1574년에 茅屋을 增修하여 현재에 이르고 있다고 하나 정확한 연대를 추정할 수 있는 자료가 부족하고, 부재에 헛구멍과 우메기 자욱 등 舊材를 사용한 흔적이 남아 있다. 그리고 翼工의 형상과 治木手法으로 보아 壬亂 以前의 수법을 찾아 보기가 어렵다. 따라서 본 건물은 차후 자료를 보완한 후 再考해 봄이 좋으리라 사료된다.

S = 1 : 200

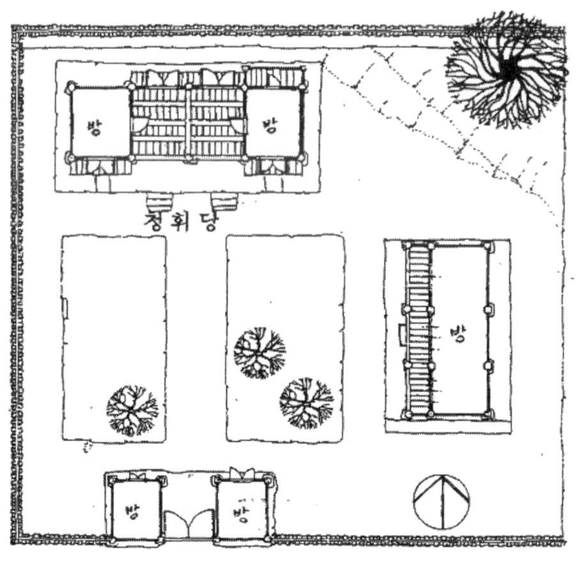

晴 暉 堂

- 733 -

- 慶尙北道 文化財委員會 會議錄 :會議書類·報告書 및 會議錄,1988-1991 / 慶尙北道 [편]

다음은, 남명 조식선생 문하생에 대한 글에 나오는 14대 이승 조부님에 대한 이야기이다. ([참고문헌 8] 사이트 http://www.nammyung.org/2007/bbs/zboard.php?id=man&no=134참조)

이승(李承, 1552~1598)의 자는 선술(善述)이고, 호는 청휘당(晴暉堂)이며, 본관은 전의(全州)로 1552년(명종 7년) 임자 정월 20일에 계묘 계축에 인동현(仁同縣) 약목리(若木里)에서 태어나 성주(星州)에 거주하였으며, 그의 저술은 『청휘당실기(晴暉堂實紀)』가 남아 있다.

- 급문: 20세 때(1571년, 신미) 봄에 산천재(山天齋)로 남명선생(조식)을 찾아가 뵙고 강질의의(講質疑義)하였다.
- 강학: 그는 6세 때(1557년, 정사) 성품이 침정(沈靜)하고 좋아 그릇되이 놀지 않고 능숙하였고, 8세 때(1559년, 기미) 『소학』을 공부하였으며, 11세 때(1562년, 임술) 봄에 『논어』를 공부하였다.

  23세 때(1574년, 갑술) 화정(和靖)의 고사(故事)을 모방하여 과거를 폐하고 뜻을 오로지 하면서 성리서(性理書)를 읽었다. 39세 때(1590년, 경인) 정구(鄭逑) 및 여러 사우와 더불어 회연(檜淵)에 모여 『근사록』을 공부하였다.

  38세 때(1589년, 기축) 여름에 정구(鄭逑), 이기춘과 더불어 회원(檜原)에서 지냈으며, 돌아올 적에 낙동강에 배를 띄워 분운구회(分韻逑懷)하였고, 청휘당에 모여 『심경』을 공부하였다.
- 벼슬: 37세 때(1588년, 무자) 선공감가감(繕工監假監)에 천거되어 제수되었으나 부임하지 않고, 유성룡(柳成龍)에게 나아가 배웠다.

- 교유: 18세 때(1569년, 기사) 정구(鄭逑), 김우옹이 방문하였고, 20세 때(1571년, 신미) 가을에 속리산을 유람하고, 한사후(漢師候) 외구(外舅) 승지공(承旨公)에게 들러 고양(高陽)에 있는 선영(先塋)을 두루 살펴보았고, 삼각산(三角山)을 유람하고 돌아오는 길에 사군(四郡)의 산수(山水) 둘러보았다.

  24세 때(1575년, 을해) 봄에 김우옹, 박찬, 이린 등과 더불어 고반동(考盤洞)에서 지냈다. 28세 때(1579년, 기묘) 9월에 정구(鄭逑)가 이기춘, 곽준, 김면, 이인개 등과 더불어 해인사(海印寺)를 유람하고 돌아와 청휘당을 방문하였다. 38세 때(1589년, 기축) 문위(文緯)와 더불어 금강산 유람을 약속하였으나 이루지 못하였다. 46세 때(1597년, 정유) 봄에 서사원(徐思遠)이 방문하였다.

  그는 22세 때(1573년, 계유) 봄에 청휘당(晴暉堂)을 중수(重修)하였고, 29세 때(1580년, 경진) 마옥동(磨玉洞)에 입암정사(立巖精舍)를 세우기도 하였다.

- 의병활동: 1592년(임진) 41세 때 임진왜란이 일어나자 6월에 김면(金沔)과 더불어 거창에서 의병을 일으켰다. 7월에 진군하여 고령(高靈)에 주둔한 왜구를 격파하였고 8월에 진격하여 금산(金山)에서 적을 크게 이겼다. 성주(星州)에 있는 왜구를 공격하기도 하였고, 9월에 관군(官軍)이 합세하여 지례(知禮)에 있는 왜구를 변암(弁巖)에서 격파하였다.

- 향사: 47세 때(1598년, 무술) 3월 29일 갑인(甲寅)에 청주(淸州) 말리(末里) 우사(寓舍)에서 세상을 떠났다. 장원서별제(掌苑署別提)에 증직되었고, 후에 신계서원(新溪書院)에 배향되었다.

-참고자료: 『德川師友淵源錄』 6권 2책.

  李 承,『晴暉堂實紀』 1책.

다음으로는, 영남 선비의 글에서 다음과 같은 부분이 소개되었다.

([참고 문헌 9] (사이트 http://blog.daum.net/cordblood/13735451 참조)

2009년 2월 말 우연한 기회에 인터넷 고서 경매 사이트에서 안동의 어느 중요 문중에 소속된 조선시대 선비의 호구단자를 발견한 후(여기에 관한 글은 향토문화의 사랑방 '안동'지에 원고를 보낸 상태라 완전 공개는 게재 여부의 결정 혹은 인쇄 후로 미룬다.) 고서 사이트를 뒤적거리는 병이 도져버렸다. 그 호구단자를 발견한 며칠 후 고서 사이트에서 재미있는 문서 하나를 더 발견하게 되었다.

'근세 유학자 기암(箕庵) 김헌주(金獻周)의 친필 서문'이라는 제목이 붙은 문서였다. 이런 문서야 인터넷 경매 사이트에 수시로 올라오는 문서이니 큰 관심을 끌지 못한다. 별 생각 없이 클릭을 해서 보니 '김헌주(1866~1936)는 의성인(義城人)으로, 자(字)는 경맹(景孟), 호(號)는 기암이며, 안동 귀미(龜尾)에 거주한다. 귀와(龜窩) 굉(土+宏)의 주손으로 척암(拓菴) 도화(道和)의 손자이며 유필영(柳必永)의 문인이다.' 라고 소개되어 있다. 판매자는 이 문서 마지막에 있는 문소(門召) 김헌주라는 이름으로 인터넷이나 문헌집에서 검색을 한 내용을 올렸을 것이다. 문소(聞韶)는 의성의 옛 이름이다.

판매자가 검색한 내용이 사실인지는 확인하기 힘들지만 안동 귀미에 거주한 의성 김씨라면 안동 내앞 마을의 의성 김씨와 연결되는 집안일 가능성이 많다는 생각이 들었다. 문서 상태로 봐서 구한말 전후나 일제 강점기의 문서로 생각되고 이 시기에 한문으로 문장을 구성할 수 있는 선비로 같은 의성 김씨라면 같은 한자 이름을 쓰지는 않았을 것이니 소개된 내용이 사실일 가능성이 많아보였다. 한문 선생님이신 김승균 선생님께 전화를 드리니 가능성이 있겠다고 하셨다. 경매 최저가 3만원이었다. 구한말 전후의 문서 한 장에 3만원이라면 무관한 사람에게는 비싼 가격이기 때문에 경쟁자는 없을 것으로 예상했다. 예상대로 단독 입찰로 3만원에 낙찰 받았다.

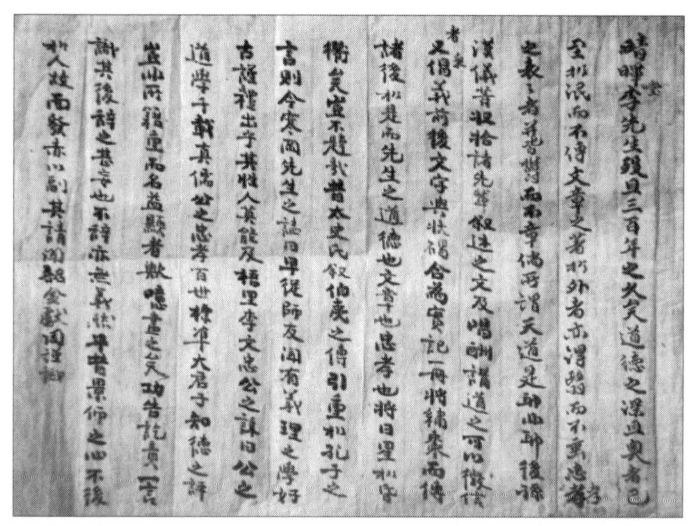

晴暉李先生沒且三百年之久矣道德之深且奧者已
至於泯而不傳文章之著於外者亦浔翳而不垂忠孝之
表表者幷皆鬱而不章倘所謂天道是耶非耶後孫
漢儀昔收拾諸先輩敍述之文及唱酬講道之可以徵信
者 又采倡義前後文字與狀碣合爲實記一冊將繡棗而傳
諸後於是而先生之道德也文章也忠孝也將日星於昏
衢矣豈不韙哉昔太史氏敍伯夷之傳引重於孔子之
言則今寒岡先生之誌曰早從師友聞有義理之學好
古謹禮出乎其性人莫能及梧里李文忠公之誄曰公之
道學千載眞儒公之忠孝百世標準大君子知德之評
[illegible]
[illegible]
[illegible]

김승균 선생님이 번역한 내용은 다음과 같다.

晴暉堂李先生沒 且三百年之久矣 道德之深且奧者 已至於泯而不傳 文章之著於外者 亦浔翳而不垂 忠孝之表表者 幷皆鬱而不章 倘所謂天道 是耶 非耶 後孫漢儀 昔收拾諸先輩敍述之文 及唱酬講道之可以徵信者 又采倡義前後文字 與狀碣合爲實記一冊 將繡棗而傳諸後 於是而先生之道德也 文章也 忠孝也 將日星於昏衢矣 豈不韙哉 昔太史氏 敍伯夷之傳 引重於孔子之言 則今寒岡先生之誌 曰早從師友 聞有義理之學 好古謹禮 出乎其性 人莫能及 梧里李文忠公之誄 曰公之道學 千載眞儒 公之忠孝 百世標準 大

君子知德之評 豈非所藉重而名益顯者歟 噫盡之矣 功告訖 責一言識其後 辭之甚妄也 不辭亦無義 然平昔景仰之心 不後於人 故面發赤以副其請 聞韶金獻周謹識

청휘당(晴暉堂) 이선생이 돌아가신 지 또 삼백년의 오랜 세월이 지났다. 도덕의 심오함은 이미 민멸하여 전하지 않고, 문장의 현저함은 가려져 내려오지 않으며, 충효의 표상은 모두 막히어 빛나지 못하게 되었으니 혹시, 이른바 천도라는 것이 이러한 것인가?

후손 이한의(李漢儀)가 예전에 선배들이 서술한 글과 창수, 강도한 기사 중 징험하여 믿을 만한 것을 수습하고, 다시 창의 전후의 문자를 채록한 후, 행장(行狀) 묘갈(墓碣)을 합하여 실기(漢儀) 한 책을 꾸미더니, 장차 간행하여 후세에 전하려 한다. 이제야 선생의 도덕과 문장과 충효가 장차 어두운 세상에 해와 별처럼 빛날 것이니 어찌 옳은 일이 아니랴?

옛날, 태사공(太史公)은 백이전(伯夷傳)을 서술할 때, 공자의 말씀에서 중대한 것을 인용하였다. 그렇다면 지금 한강(寒岡)선생의 기록에 "일찍부터 사우(師友)를 좇아 의리의 학문이 있음을 들었는데, 옛 것을 좋아함과 예를 삼감은 그 본성에서 우러나왔으니 사람들이 아무도 미칠 수 없을 것이다."라 하였고, 오리(梧里) 이문충공(李文忠公)의 제문에는 "공의 도학은 천년에 한 번 있을까 말까한 참된 선비요, 공의 충효는 백세에 사라지지 않을 모범이다."라 하였으니, 크신 군자들의 덕에 대한 평론이 어찌 중대한 것을 바탕으로 하여 이름을 더욱 빛낸 것이 아니겠는가? 아, 극진하도다!

간역을 마치자 나에게 권말에 한 마디 말을 쓰라고 청하는데, 말하자니 망령됨이 심하고, 말하지 않자니 또한 그럴 의리가 없다. 그러나 평소에 경모하고 흠앙하는 마음은 남에게 뒤지지 않기에 얼굴을 붉히고 그 청에 부응한다. 문소 김헌주는 삼가 지(識)한다.

내용을 요약하면 충효와 도덕이 뛰어났던 청휘당 이선생이 돌아가신지 300년이 되었지만 기록이 미비하여 그분의 덕을 기리기가 어려운데 그분의 후손이 여러 기록을 모아 그분의 실기를 만들었다. 그런데 실기 후기를 적어달라는 부탁을 받고 후기를 적는다는 내용이다.

당대의 유명한 학자로 한강 정구와 친분이 있었고, 임진왜란 때 의병 활동을 할 정도로 충을 실천해서 오리 이원익이 극찬한 인물이라면 실기를 남길 만하고, 실제 1934년 청휘당 실기가 간행되었다. 이런 사람의 실기 후기를 적어달라는 부탁을 거절하기는 힘들 것이다. 그런데 이분의 실기 후기를 왜 김헌주란 사람에게 부탁했는지 알아볼 필요가 있다. 청휘당의 후손은 아마도 계속 성주 인근에 살 것이고 김헌주란 사람은 안동 인근에 거주했다면 당시로 봐서 그리 가까운 거리가 아닌데도 굳이 김헌주란 사람에게 글을 부탁했다면 이유가 있을 것이다. 인터넷에서 김헌주와 관련된 내용을 검색해보았다.

기암(箕庵) 김헌주(金獻周, 1866~1936)는 안동 귀미(龜尾)에서 태어났다. 문장가로 상당히 유명한 사람이었던 듯하다. 그에게 글을 받으려는 사람들이 문전성시를 이루었다고 한다. 인터넷에서 검색한 바로는 창원 허정호(許正灝)의 호기(號記), 창원 박성립(朴誠立)의 묘갈(묘碣), 군위 섬계정(剡溪亭)의 기문(記文), 쌍매당(雙梅堂) 이윤(李胤)의 유허비명(遺墟碑銘), 창원 가양재(嘉陽齋) 오상원(吳尙源)의 누각에 기(記) 등 다양한 사람들에 관한 글을 쓴 것으로 되어있다. 글을 받으려는 사람이 문전성시를 이루었다는 표현이

근거없는 이야기는 아닌 것이다. 그의 집안 자체가 문장으로 이름이 높았다. 할아버지인 척암(拓菴) 김도화(金道和) 역시 뛰어난 유학자였다. 척암의 증조부인 귀와(龜窩) 김굉(金土+宏) 역시 뛰어난 문장가로 낙동강 가의 낙암정에 귀와의 글이 붙어있다.

문장이 뛰어나다는 이유만으로 성주에서 영천까지 왔을 수도 있겠지만 다른 이유도 있음직 한데 기암의 할아버지 척암 김대화에게 주목할 필요가 있다. 척암 김도화는 구한말 의병대장이었다. 안동 일대의 의병대장으로 안동을 일시적이나마 점령하는 등의 성과를 올리기도 하였다. 국왕의 명령으로 의병이 해산되자 글로 항일 활동을 했는데 나중에는 대문에 합방대반대지가(合邦大反對之家)라는 글을 붙여놓기도 했다. 기암이 만년에 영천 죽천으로 옮겨 살았다고 했는데 안동 지역의 일경의 탄압이 워낙 심해서 옮겼다는 이야기가 전해질 정도다. 조상의 실기 말미에 붙일 후기를 부탁하러 온 청휘당의 후손은 기암의 이런 사정을 잘 알고 있었을 것이다. 말하자면 이 문서는 임란 의병과 구한말 의병을 이어주는 매개체 구실을 한다고 볼 수 있다.

그런데 안동대 도서관의 『청휘당 실기 해제』에는 이 글이 없다고 한다. 원고 청탁을 받고 쓴 글이 실리지 않은 것이다. 기암이 이 글을 쓴 후 미처 전달하지 못했을 수도 있겠고, 전달받은 후손들이 청휘당의 업적을 잘 나타내지 못했다고 판단해서 올리지 않았을 수도 있겠다. 아니면 전달이 너무 늦어 실기가 편찬된 뒤에 이 글이 도착했을 수도 있겠다. 청휘당 실기가 편찬된 것이 1934년이고 기암이 사망한 연도가 1936년인데 기암이 이 글을 쓴 직후 병석에 누웠을 수도 있겠다. 글이 실리지 않은 것은 섭섭

하지만 좋게 생각하면 내가 구한 이 문서는 지구상에 같은 내용의 문서가 달리 없는 유일본이 되는 것이다.

읽을 수도 없는 사람이 가지고 있을 일이 없을 것 같아, 내가 아는 분 중에 기암과 가장 가까운 분인 김승균 선생님께 문서를 전해드렸다. 소장하지도 않을 문서를 왜 샀느냐고? 낚시하는 사람들이 꼭 매운탕을 끓여먹기 위해 고기를 낚는 것은 아니지 않은가?

다음으로, 낙강칠현 영남문인으로 추앙받고 계신 청휘당 이승 조부님과 낙강칠현 시를 살펴본다. ([참고문헌 1], 청권사 자료 참조, [참고문헌 15] 이화에 월백하고, http://blog.daum.net/ansdufrhd/11843393 사이트 자료 참조)

낙동강변에 자리잡고 있는 고령군 개진면 개포리(당시 개산포 開山浦)는 고령읍에서 동쪽으로 약 6Km 지점에 있다. 80여 가구가 살고 있는 이 개포리는 기암절벽 밑으로 유유히 흐르는 낙동강을 끼고 있으며, 낙동강물이 오염되기 전에는 잉어, 붕어, 숭어, 뱀장어, 메기등 수많은 고기들이 떼를 지어 놀고 있어 주말만 되면 대구를 위시한 영남일대의 강태공들이 몰려와 만사 무심일조간(萬事無心一釣竿)이라 밤늦게까지 불야성을 이루고 있었다. 1580년대의 선조 때에는 이곳 개산포 낙동강변을 낙강칠현의 뱃놀이 터로도 유명하다. 낙강칠현이란 낙동강변의 일곱현인이란 뜻인데 송암(松庵) 김면(金沔) 선생과 옥산(玉山) 이기춘(李起春) 선생, 청휘당(晴暉當) 이승(李承) 조부님, 육일헌(六一軒) 이홍량(李弘量) 선생, 한강(寒岡) 정구(鄭逑) 선생, 대암(大庵) 박성(朴惺) 선생, 낙빈(洛檳) 이홍우(李弘宇) 선생을 이르신다.

1589년 5월에 일곱 분이 개산포(開山浦)에서 강정(江亭) (멍드미) 사망정

洛江七賢詩碑前面

(四望亭)에 이르는 강 위에 선유(船遊)를 하면서 '만경창파욕모천(萬頃滄波欲暮天)'이라는 시구칠자(詩句七字)로 분운(分韻)하여 각기 오칠음절구(五七音絶句)로 시(詩) 한 수(首)씩 읊어 그날의 흥취(興趣)와 정황(情況)을 흡족(洽足)하게 표현하였다.

칠현(七賢)은 출생지별(出生地別)과 연령순(年齡順)으로 보면 고령(高靈)의

육일헌(六一軒) 이홍량(李弘量), 모재(茅齋) 이홍우(李弘宇), 송암(松菴) 김면(金沔), 옥산(玉山) 이기춘(李起春) 네분 선생과 성주(星州)의 한강(寒崗) 정구(鄭逑)선생, 그리고 현풍(玄風)의 대암(大庵) 박성(朴惺)선생, 인동(仁同)의 청휘당(晴暉堂) 이승(李承) 조부님 등 일곱분이다. 이 일곱분은 병세동성(竝世同省)으로 가까운 이웃 고을에서 생장(生長)하여 소소시절(小少時節)부터 독서논문(讀書論文)에 비견연참(比肩聯槧)하기도 하고 중년이후(中年以後)에 학문(學問)과 행의(行誼)가 성숙(成熟)에 따라 도의지교(道義之交)로서 높은 지향(志向)과 깊은 계합(契合)에 이르게 되었다.

그런데 이 일곱 분을 후인(後人)들이 낙강칠현(洛江七賢)으로 일컫는 것은 따로 한 계기(契機)가 있었다. 1589년 5월에 일곱 분이 개산포(開山浦)에서 강정(江亭, 멍드미) 사망정(四望亭)에 이르는 강 위에 선유(船遊)를 하면서 '만경창파욕모천(萬頃滄波欲暮天)'이라는 시구칠자(詩句七字)로 분운(分韻)하여 각기 오칠음절구(五七音絶句)로 시(詩) 한 수(首)씩 읊어 그날의 흥취(興趣)와 정황(情況)을 흡족(洽足)하게 표현하였다. 이 칠편(七篇)의 시(詩)가 당시엔 물론이고 그 뒷날까지 널리 전파(傳播)되었다. 그것은 시(詩)가 명작(名作)이라는 이유(理由)만이 아니고, 일대(一代)의 의표(儀表)인 일곱분이 그 덕망(德望)과 문필(文筆)로서 강산풍물(江山風物)의 승개(勝槩)속에 동성창화(同聲唱和)한 풍류운치(風流韻致)가 희대(稀代)의 성사(盛事)로 될 수 있었던 것이다.

이때는 임진왜란(壬辰倭亂) 삼년전이라 곧 광고(曠古)의 외환(外患)이 닥쳐오자 칠현(七賢)중에는 난초(亂初)에 구국토적(救國討賊)에 앞장서기도하고 난중(亂中)에 민사(民社)를 위해 헌신봉공(獻身奉公)하는 분들이 있었으며 나아가 도학(道學)으로 백세(百世)의 유현(儒賢)이 된 분도 있었다.

세월이 흘러 사백십수년(四百十數年)이 지난 지금 강산이 몇 번이나 변하고 세태인심(世態人心)이 갈수록 혼효(混淆)해 지면서 젊은 세대들의 관심

밖에서 선인(先人)의 왕적(往蹟)이 쓸쓸히 묻혀지는 형편이라 칠현(七賢)의 고사(故事) 또한 빛이 바랠 염려가 없지 않더니 근년에 육일헌(六一軒) 이선생(李先生)의 가문(家門)의 제창(提唱)으로 칠현(七賢)의 자손(子孫)들이 힘을 모아 낙강칠현시비(洛江七賢詩碑)를 마련하여 육일헌(六一軒)의 별업(別業)인 사망정(四望亭)의 경내(境內)에 건립(建立)하기로 되었다. '칠현(七賢) 중에 육일헌(六一軒)이 가장 연장자(年長者)로서 당일의 선유(船遊)를 주재(主宰)했기 때문이다.' 라고 기문(記文)하고 있다.

낙강칠현범주분운시(洛江七賢泛舟分韻詩)

(1) 萬 : 이기춘(李起春: 字-季郁, 號-玉山) 星州人

(2) 頃 : 이 승(李 承: 字-善述, 號-晴暉堂) 全州人

(3) 滄 : 이홍우(李弘宇: 字-季容, 號-茅齋) 光山人

(4) 波 : 정 구(鄭 逑: 字-道可, 號-寒崗) 淸州人

(5) 欲 : 김 면(金 沔: 字-志海, 號-松菴) 高靈人

(6) 暮 : 박 성(朴 惺: 字-德凝, 號-大庵) 密陽人

(7) 天 : 이홍량(李弘量: 字-仲容, 號-六一軒) 光山人

(1) 옥산(玉山) 이기춘(李起春)선생 詩 (萬) 字韻

연정범청파(煙艇泛淸波) 아득한 작은 배를 청파에 띄우니
양붕래자원(良朋來自遠) 어질고 친한 벗이 먼곳에서 찾아왔네
수지금일유(誰知今日遊) 그 누가 알리오 오늘 모여 놀것을
증불의천만(曾不意千萬) 천만 뜻밖이라 나도 미쳐 몰랐었네

(2) 청휘당(晴暉堂) 이 승(李 承) 조부님 詩 (頃) 字韻

하화조공간(荷花朝共看) 아침에는 맑게 된 연꽃을 완상하고
모범금산경(暮泛金山境) 해질 무렵 배띄워 金山경내 다 달았네
고회총군현(高會摠羣賢) 고상한 모임이라 모두가 儒賢일세
편범능만경(片帆淩萬頃) 조각배 노저어서 창파를 넘나드네

(3) 모재(茅齋) 이홍우(李弘宇)선생 詩 (滄) 字韻
승회흔래부(勝會欣來赴) 성대한 모임에 흔쾌히 다다르서
편주만경창(扁舟萬頃滄) 편주에 몸을 실어 망경창파 거슬러니
사양무한의(斜陽無限意) 석양에 정겨운 흥취 다함이 없구려
회수경미망(回首更微茫) 고개들어 다시보니 망망한 장강만이 아득하구나

(4) 한강(寒崗) 정 구(鄭 逑)선생 詩 (波) 字韻
평생하사최위다(平生何事最爲多) 평생에 무슨 일을 가장 많이 하였던고
금일강유역가가(今日舡遊亦可歌) 오늘의 뱃놀이에 노래 또한 정겹구나
해후양붕잉공취(解后良朋仍共醉) 좋은 벗 반겨 만나 모두 함께 취했도다.
사양도영조평파(斜陽倒影照平波) 夕陽에 비낀 그림자 平波에 드리우네

(5) 송암(松菴) 김 면(金 沔)선생 詩 (欲) 字韻
강호하행봉제현(江湖何幸奉諸賢) 강호에 어진 벗님 다행이 반겨맞아
작옥경하흥불속(斫玉傾霞興不俗) 옥잔에 술 기울이니 흥취 또한 고상하네
충연유득우하구(充然有得又何求) 이처럼 즐겁고 흡족한데 무엇을 또 구하리오
금일유암시소욕(今日留庵是所欲) 오늘은 초암에 머무름이 오직 나의 所望일세

(6) 대암(大庵) 박성(朴惺)선생 詩 (暮) 字韻

승회우연성(勝會偶然成) 좋은 모임이 우연히 이루어져서

우복지자우(又復之子遇) 또다시 여러 군자 반가히 만났네

청담철금회(淸談徹襟懷) 청담을 나누니 회로가 풀리고

편주임연소(扁舟任沿泝) 조각배는 물결따라 오르내리네

경음동량표(輕陰動涼飈) 가벼운 그늘에 서늘한 바람 불어오니

막수강일모(莫愁江日暮) 이 강에 해 저문다 근심치 마오

(7) 육일헌(六一軒) 이홍량(李弘量)선생 詩 (天) 字韻

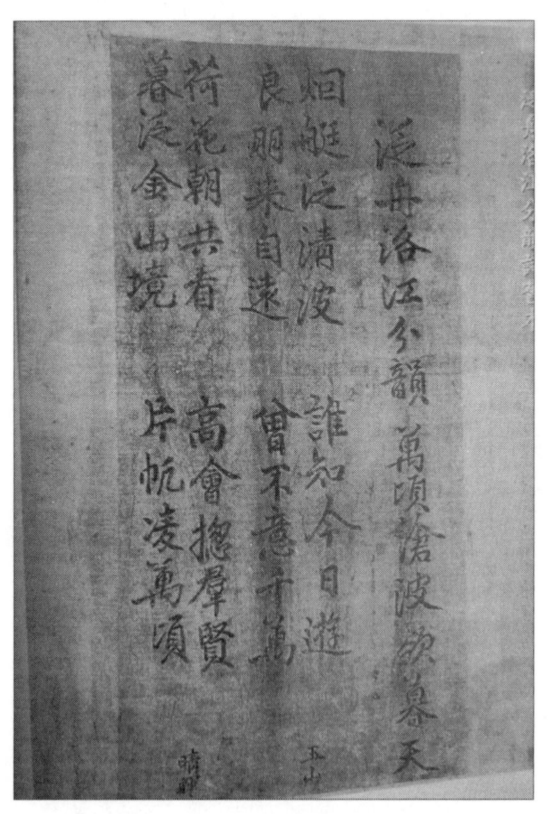
泛舟洛江分韻 萬頃滄波欲暮天

畫艇泛清波 誰知今日遊

良朋來自遠 曾不意于萬

荷花朝共看 高會摠羣賢

暮泛金山境 片帆凌萬頃

玉山

격활양붕이반년(隔濶良朋已半年) 좋은 벗님 소식없이 반년을 지났더니
청강해후사무변(淸江解后思無邊) 淸江에서 만난감회 반갑기 한이 없네
중류구예도도취(中流扣(木+世)陶陶醉) 中流에 뱃전치며 취흥이 도도한데
불각연파물외천(不覺煙波物外天) 자욱한 연파속의 仙境인줄 몰랐도다.

마지막으로, 칠곡문화원에서 발간한 국역 칠곡지 ([참고문헌 14]『국역 칠곡지』(칠곡문화원, 2002) 내용에 칠곡사는 정추에게 시집간 열녀 이승 조부님의 따님이야기가 다음과 같이 소개되어 있다.

정추 처 전주이씨(鄭錐 妻 全州李氏)
영어의미역 Lady Jeonju Yi, Jeong Chu's Wife
분야 역사/전통시대, 성씨·인물/전통시대인물
유형 인물/전통인물
지역 경상북도 칠곡군
시대 조선/조선 중기
집필자 장영복
성격 열녀
출신지 경상북도 칠곡군 지천면 사수(현 대구광역시 북구 사수동)
성별 여
생년 1573년
몰년 1612년
본관 동래

[정의]
조선 중기 칠곡 출신의 열녀.

[가계]

본관이 전주(全州)인 청휘당(淸暉堂) 이승(李承)의 딸이고, 본관이 동래(東萊)인 양졸재(養拙齋) 정추(鄭錘)의 아내이다.

[활동사항]

부유한 집에서 성장하여 부유한 집으로 시집갔으나 화려함을 일삼지 아니하고 힘든 일을 피하지 아니하였다. 임진왜란 때 시아버지가 돌아가시자 예(禮)를 다하였다. 남편이 세상을 떠날 즈음에는 아들을 가르침에 있어 법도가 있었다. 항상 말하기를 "너희들이 만약 능히 조상의 일을 상(傷)하게 하고 떨어뜨릴까 두렵게 생각하지 않는다면 이것은 또한 미망인의 죄를 무겁게 하는 것이다" 라고 하였다. 많은 덕과 아름다운 행실로 친척들의 공경을 받았다.

[묘소]

경상북도 칠곡군 동명면 희연에 있다.

제31세(13대 조부) **李垌 이경** (순백당 旬白堂) ☞ 계혜보 수권 225 참조

|---〉 제1자 李邦銓 이방전

|---〉 제2자 李國銓 이국전

|---〉 **제3자 李廷銓 이정전**

|---〉 제4자 李時銓 이시전

|---〉 제5자 李世銓 이세전

|---〉 제6자 李東銓 이동전

河公派世譜 首卷 森溪副正派

四子 垌
字士野
號菊白堂
宣祖戊子十月十八日生
忠義衛副司果與三兄
受業于 兩陶門以學
行世於世人稱四士 戊
寅十一月十三日卒
追配新溪書院有遺稿
散佚
○墓星州邑北道德谷山
子坐有碣床石望柱
癸坡濟起撤銘撰十
代孫起東書
配星州李氏
庚寅四月七日生
癸巳八月二日卒
父昌吉龜西公長庚之
后

一子 邦銓
字伯平
光海辛亥二月七日生
甲寅五月十九日卒
享年六十四
○墓巨里峴寅坐
配一善金氏
丁未四月二十四日生
父省睡龍岩先生后
甲寅二月三日卒
○墓祔

二子 國銓
字仲平

子 澂
字湘源
仁祖辛巳四月十二日生
肅宗辛卯正月十日卒
壽七十一○墓芝山艮
本壤癸坐有表石
配金海金氏
仁祖己卯六月十七日生
父尚仁
壬午十月三日卒
○墓合窆享年六十四

女 都處中 星州人
子都永泰

女 呂命知 星山人

子 洛
字建彦

一子 聖老 見一之一九三一

二子 命老 見一之一九三五

三子 應老 見一之一九三六

四子 甲老 見一之一九三六

女 李秀原
子李遇春 遇隆

子 長老 見一之一九三七

八世

○墓星州東吾道旨坊
巨里峴乾坐

九世

壬子生
庚寅四月八日卒
○墓巨里峴先山下
配缶林洪氏
父汝素祖慶承曾祖巨
源外祖烏川鄭四勿
忌八月六日
○墓祔

三子 廷銓
字季平
甲寅十一月十七日生
丁卯六月十一日卒
壽七十二
○墓新塘艮坐
配平山申氏
庚申十一月七日生
父詗
丁未三月二日卒
○墓祔

四子 時銓
字東周
戊午生
乙未三月二日卒
○墓芝山癸坐
配星州李氏
戊午生 父好生
辛亥二月十一日卒
○墓祔

十世

戊子生 武科
丙申卒
○墓甸白堂基下壬坐
配瑞山鄭氏
父以鎔
忌十二月八日
○墓乾兆同原

子 浤
字進夫
仁祖甲申生 甲午十二
月八日卒 壽七十一
○墓甑山坊九谷
配東萊鄭氏
癸未生 父碩佑
乙酉三月一日卒
○墓新塘樓下丁坐

女 愼支百 居昌人

女 朴漢檣 密陽人

一子 沆
字周鉉
戊寅九月九日生
忌十月七日
贈嘉善大夫戶曹參議
○墓守本洞亥坐
有碣銘床石
配淑夫人缶林洪氏
父好徵
忌五月十五日
○墓雙墳

二子 涗

十一世

一子 東老 見一之一九四〇

二子 南老 見一之一九四一

女 崔載秀
子崔攀

女 朴彙重

子碩樌碩檣

子朴啓運

一子 聃老

二子 景老 見一之一九四五

子 仁老 見一之一九四八

四子
坰
字士野
號旬白堂
宣祖戊子十月十八日生
忠義衛副司果與三兄
受業于 兩岡門以學
行重於世人稱四士戊
寅十一月十三日卒
道配新溪書院有遺稿
散佚
○墓星州邑北道德谷山
子坐有碣床石望柱
族後孫起轍撰銘從十
代孫起夏書
配星州李氏
庚寅四月七日生
癸巳八月二日卒
父昌吉壟西公長庚之
后

○墓星州東吾道旨坊
巨里峴乾坐

선조 무자10월18일생, 묘소 성주읍 북도 덕곡산

13대 조부이신 이경 할아버지는 이승 조부의 넷째 아드님으로, 선조 21년, 1588년(무자년) 10월 18일에 태어나셨다. 자는 사야(士野) 호는 순백당(旬白當) 이시다. 충의위 부사과(忠義衛 副司果, 부사과는 조선의 5위에 속한 무관직으로 종6품, 충좌위(忠佐衛)에 충의위(忠義衛)·충찬위(忠贊衛)·파적위(破敵衛)가 있으며, 서울의 남부와 전라도 지역을 관장하였다.)의 벼슬을 세분 형님과 모두 함께 지내셨고, 인조 16년, 1638년(무인년) 11월13일 51세에 돌아가시었는데, 묘소는 성주읍 북도 덕곡산(星州邑 北道 德谷山) 자좌(子坐)에 모셨다. 조모님은 성주이씨(星州李氏) 이시고, 묘소는 성주 동쪽 오도지 방거리(星州東吾道旨坊巨里) 현건좌(峴乾坐)에 모셨다.

수륜면 수륜리 신당마을에 있는 신계사는 1754년(영조30년) 청휘당 (晴暉堂) 이승(李承) 조부님과 네분의 아드님이신 심원당(心遠堂) 이육(李堉), 산거재(山居齋) 이숙(李埱), 인암(認菴) 이학(李壆), 순백당(旬白堂) 이경(李坰)을 향사하기 위하여 건립하였으나 1868년 폐사되고 신계서당이 되었다. 그리고 1910년에는 유허비가 세워졌다.

이경 조부님은 남명 조식선생의 남명학파(南冥學派) 관련(關聯) 인명록

(人名錄) ([참고문헌 16] 이상필(문학박사, 경상대학교 한문학과 교수) 편찬, 제공 (2005년 4월))에 부친이신 이승 조부님과 함께 등단되어 있으시어 당시에도 학문적으로 널리 인정받으셨음을 알 수 있다.

참고로, ≪경국대전≫에 나타난 오위의 편제는 대체로 병종(兵種)과 지방 분담으로 구성되었다. 중앙군을 이루는 병종의 편제는 의흥위(義興衛)에 갑사(甲士)와 보충대(補充隊), 용양위(龍蚿衛)에 별시위(別侍衛)와 대졸(隊卒), 호분위(虎賁衛)에 족친위(族親衛)·친군위(親軍衛)·팽배(彭湃), 충좌위(忠佐衛)에 충의위(忠義衛)·충찬위(忠贊衛)·파적위(破敵衛), 충무위(忠武衛)에 충순위(忠順衛)·정병(正兵)·장용대(壯勇隊) 등이 소속되어 입직(入直)과 시위 등의 임무를 수행하였다. 한편, 오위는 각기 지방의 병력을 분담, 관할하였다. 의흥위는 서울의 중부와 개성부 및 경기·강원·충청·황해도의 병력을 관할하고, 용양위는 서울의 동부와 경상도를, 호분위는 서울의 서부와 평안도를, 충좌위는 서울의 남부와 전라도, 충무위는 서울의 북부와 함경도의 병력을 각각 관할하였다. 또한, 오위의 각 위는 중·좌·우·전·후의 5부(部)로 나누어 전국의 진관(鎭管)을 망라한 지방 군사를 소속시켰다. 따라서 오위체제는 이중적 성격을 띠고 있었다. 즉, 중앙군을 망라한 구체적 부대 조직이면서, 다른 한편으로는 전국을 망라한 대열(大閱) 등 훈련체제로서의 성격도 가지고 있었다. 오위의 군계급과 정원 및 품계는 ≪경국대전≫에 따르면 다음과 같은데, 이는 오늘날의 계급 개념과는 다른 것이었다. 즉, 상호군(上護軍, 정3품) 9인, 대호군(종3품) 14인, 호군(정4품) 12인, 부호군(종4품) 54인, 사직(司直, 정5품) 14인, 부사직(종5품) 123인, 사과(司果, 종6품) 15인, 부장(部將, 종6품) 25인, 부사과 (종6품) 176인, 사정(司正, 정7품) 5인, 부사정(종7품) 309인, 사맹(司猛, 정8품) 18인, 부사맹(종8품)

483인, 사용(司勇, 정9품) 42인, 부사용(종9품) 1,939인 등이 그것이다.

* 1506년 연산군 사화때 16대 조부(이속)께서 한양 → 약목 → 성주로 내려오셨다.
* 1506년 연산군 사화때 16대 조부(이속)의 동생인 이탁 조부께서 한양 → 경북 구미 인동으로 내려오셨다.
- 이탁 조부의 장남인 이사운(李思雲) 조부님과 차남인 이승 14대 조부님(이희운 15대 조부님 양자)은 구미 인동지역에 거주하고 계셨으며, 15대 이희운 조부님께서는 5촌 조카인 이승 조부님(이탁-이사운(장남)-이승(차남))을 양자로 맞으셨다.

- 구미 인동지역은 녹동 선영(경북 군위군 효령면 장군동 노루매=노노미 선영)과 비교적 가까운 거리이다.

● [조선왕조실록] 연산 62권, 12년(1506 병인 / 명 정덕(正德) 1년) 4월 2일(신해) 2번째기사: 삼계 부정 정손과 금장아를 정진의 일에 관련된 까닭으로 형신하게 하다.

전교하기를,

"삼계 부정(森溪副正) 이정손(李貞孫)과 금장아(錦帳兒)를, 정진(鄭溱)의 일에 관련된 까닭으로, 승지 권균(權鈞) · 윤순(尹珣)이 함께 감독하여 날마다 형신(刑訊)하라."

하였다.

* 1623년 인조반정으로 광해군 폐위, 1627년 1차 정묘호란, 1636~1637

년 병자호란 전후에 조모님께서 아드님을 모시고 안전한 군위 구효령 청수장 위치로 이사오셨으리라 추정된다. (아버지 큰집 할머니 말씀으로는, 윗대 어른들에게 전해 들으셨다고 하신다.)

* 후에 확인된 바에 의하면 (가계에 보관중인 고서자료에 의하면), 이기림(李琪林, 13대 조부, 이승 조부님과 같은 대) 함자를 쓰시는 세종대왕 7세손과 그 모친 서산류씨(瑞山柳氏, 14대 조모)의 묘로 확인되며, 13대 조부에 해당되신다.

세종대왕(20대 조부 효령대군 동생) - 11자 밀성군(19대 조부) - 3자 가덕대부 수안군 이당(李讜, 18대 조부) - 정의대부 선인군 이흠(李欽, 17대 조부) -명선대부 무릉정 이효독(李孝篤, 16대 조부) - 통훈대부 사헌부 감찰 이원정(李元禎, 15대 조부) - 승정원 좌승지 이천배(李天培, 14대 조부, 선영 위쪽의 비는 14대 조모이신 서산류씨(瑞山柳氏)의 묘) - 이기림(李琪林, 13대 조부)의 묘로 추정되는 가보 자료를 발견하였다.

- 가계에 보관중인 기록에 의하면, 14대 조부이신 이천배는 이승 친조부님과 같은 항렬이시고, 13대 이승 친조부님이 돌아가신 후 제문을 쓰신 기록이 있으시다. 이천배 조부님께서 서울 중심부 명례동에서 을축년 1월 26일 돌아가신 후 고양 원동 선영에 모셨다. 14대 조모이신 숙부인(淑夫人) 서산류씨는 을사년 7월 10일생이시고, 인조 5년, 1627년 정묘호란(1월 13일 후금군의 의주성 공격으로 시작) 때 아들 이기림(13대 조부)과 함께 이기림의 처가인 경북 군위군 의흥(박성남 여식과 결혼)으로 피난을 오셨으며, 14대 조모님은 계묘년(1663년) 7월 22일 61세에 돌아가셨고, 묘소는 군위군 효령면 노노미 해좌(亥坐) 사향(巳向)에 모

셨다. 비석은 1년 5개월 이후에 을사년(1665년) 12월 9일 아드님 장례일에 비석을 세우신 것으로 보인다(아래 묘비명 참조). 또한 이기림 13대 조부님은 이경 친조부님과 같은 항렬이시고, 을사년(1665년) 5월 7일 돌아가셨으며, 같은해 12월 9일 장사를 지내셨고, 추후에 이듬해인 병오년(1666년) 3월 6일에 날을 잡아서 묘비를 세우셨다.

(♣ 14대조 이천배 비-숙부인 서산류씨의 묘: 군위군 효령면 녹동-노노미 선영)

묘비-녹동 선산-14대 조모님 묘소, 승정원 좌승지 李天培의 비-숙부인

〈묘비 글〉

(조모) 淑 夫 人 瑞 山 柳 氏 之 墓	(묘)康熙乙巳十二月日 (현종6년, 1665년)
(조모) 숙 부 인 서 산 류 씨 지 묘	강희을사십이월일

- 아래 조부 묘의 어머니라고 하신다. (또는 공주라는 설이 있음)

* 숙부인: 조선시대 외명부(外命婦) 정삼품(正三品) 문무관(文武官)의 처, 정3품 당상관(堂上官)인 통정대부(通政大夫)·절충장군(折衝將軍)의 처에게 주던 품계(品階)

(♣ 13대 조부 이기림의 묘: 군위군 효령면 녹동-노노미 선영)

경북 군위군 효령면 장군3동 녹동 마을 뒷산 – 집안 선산 자리

〈묘비 글〉

窓略將軍行忠佐衛副司果李公之墓(묘)康熙丙吾三月六日 (현종7년 1666년)
창각장군행충좌위부사과이공지묘　강희병오삼월육일

- 충좌위 부사과(忠佐衛 副司果) : 종6품　- 정략장군(定略將軍): 종4품

제32세(12대 조부) **李廷銓 이정전**　　　☞ 계혜보 수권 226 참조

|---〉 **제1자 李浤 이굉**

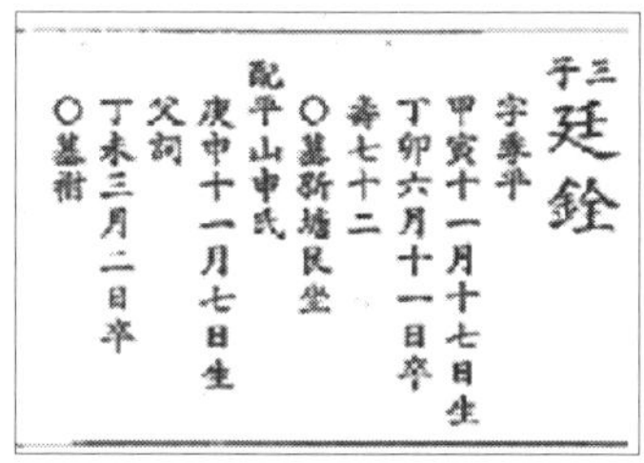

三子 廷銓
字季平
甲寅十一月十七日生
丁卯六月十一日卒
壽七十二
○墓新塘辰坐
配平山申氏
庚申十一月七日生
父訶
丁未三月二日卒
○墓祔

광해군 갑인 11월 17일생, 정묘 6월11일졸, 72세, 묘 O당 진좌(新塘 辰坐)

12대 조부이신 이정전 할아버지께서는 자는 계호(季乎), 광해군 6년 1614년(갑인년) 11월 17일 13대 조부이신 이경 할아버지의 6형제의 셋째 아들로 태어나시었고, 이방전, 이국전 형님과 이시전, 이세전, 이동전의 남동생이 있으셨다. 숙종 정묘년(숙종 13년, 1687년) 6월 11일 72세에 돌아가셨으며, 묘소는 O당 진좌(新塘 辰坐)시다. 조모님은 평산신씨(平山申氏) 이시고, 묘부(墓附) 즉, 합장되셨다.

제33세(11대 조부) **李浤 이굉** ☞ 계혜보 수권 226 참조

|---〉 제1자 李東老 이동로 ☞ 계혜보 1-1권 940 참조

|---〉 **제2자 李南老 이남로** ☞ 계혜보 1-1권 941 참조

子 浤
字進夫
仁祖甲申生 甲午十二
月八日卒 壽七十一
○墓甑山坊九谷
配東萊鄭氏
癸未生 父碩佑
乙酉三月一日卒
○墓新塘積丁丁坐
女愼支百 居昌人
女朴漢櫓 密陽人

인조 갑신생, 갑오 12월8일졸, 71세, 묘 증산(甑山) 방구곡(坊九谷)

11대 조부이신 이굉 할아버지는 이정전 할아버지의 무녀 독남이시고, 자는 진부(進夫) 이셨다. 인조 22년, 1644년 (갑신년)에 태어나셨고, 숙종 40년, 1714년 (갑오년) 12월 8일 71세에 사망하시었다. 2남 2녀를 두셨고, 아들은 이동로, 이남로, 따님은 거창 진지백, 광양 박한노와 혼인하였다. 묘소는 증산(甑山) 방구곡(坊九谷)에 모셨다. (증산은 현재 경북 김천시 증산면으로 추정됨) 조모님은 동래정씨(東萊鄭氏)이시고, 묘소는 신당적정(新塘積丁) 정좌(丁坐)에 모셨다.

[참고사항] 김천시 증산면 유래: 조선시대는 성주목(군)에 속해 있었으며 관내에 있는 시루봉(甑峰)의 이름을 따서 증산면이라 칭하였고 37개동을 관할하였다. 1895년 지방 행정구역 개편에 따라 성주군 외증산면과 성주군 내증산면으로 나누어졌다. 그 뒤 1906년에 내증산면은 지례군에 편입되었고 1914년에 다시 외증산면도 지례면에 병합 되었다. 한편 내증산면은 증산면이라 개칭하여 김천군에 편입됨과 동시에 29개동을 부항·동안·황정·평촌·유성·금곡·황정·수도·장전·황점의 10개동으로 통합 개편되었다. 1949년에 김천읍이 시로 승격됨에 따라 금릉군 관내에 들었다. 1973년 유성동을 1, 2동으로 분할하여 11개동이 되었다.

김천시 남단에 위치하며 경북·경남의 도계를 이루며 김천시청에서 면 소재지인 옥동까지는 32km거리이다. 동은 성주군, 서는 대덕면, 남은 경남 거창군, 북은 지례면과 접경하고 있다. 면 주위가 수도산(1,317m)·단지봉(1321m)·목통령·형제봉(1022m)·삼방산 등 고산준령으로 둘러싸인 분지로 산의 면적이 전체 넓이의 86.5%를 차지하는 김천시 제일의 산간오지이다. 북의 황항 및 부항리에서 발원된 남암천과 서의 수도산에서 발원한 대가천, 그리고 남의 황점 및 장전리에서 비롯된 목통천이 흘러 면 소재지 아래에서 합수하여 옥류천을 이루어 성주군 방면 동쪽으로 흐르고 이들 가천 양안에 좁은 들이 이루어져 있다.

무주~대구간을 연결하는 30번 국도가 면을 동서로 지나고, 지례면 속수 앞 3번 국도에서 갈라져 나온 903번 지방도가 면을 남북으로 달리어 장전리에 이르고 이 두 도로가 면소재지에서 교차되어 교통이 편리하다. 불령산(수도산)에 천년 고찰인 청암사와 수도암이 있고 경치가 뛰어난 골짜기가 많아 관광지로서의 전망이 밝은 편이며, 면 전체가 고지대인 관계로 여름은 시원하고 겨울은 길고 추운 편이다.

증산의 증(甑)은 시루 가마를 뜻하는 것으로 부항의 부(釜)와 무관하지가 않다. 그것은 부산-대증(大甑)에서 가마와 시루가 같은 개념으로 통용됨을 알 수가 있기 때문이다.

제34세(10대 조부) **李南老 이남로** ☞ 계혜보 1-1권 941 참조

|---> **제1자 李守垕 이수후** ☞ 계혜보 1-1권 941 참조

|---> 제2자 李守迪 이수적 ☞ 계혜보 1-1권 941 참조

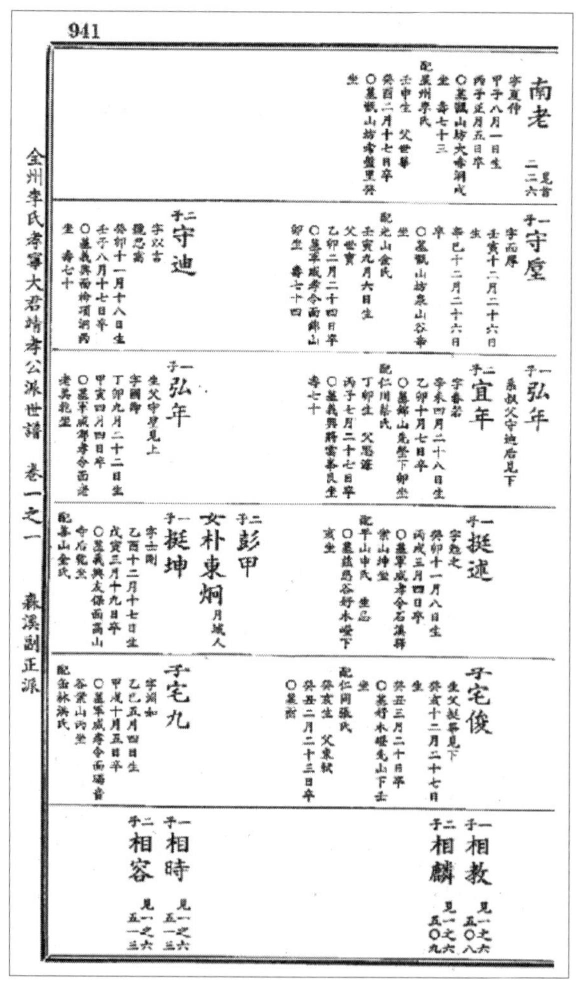
941

全州李氏孝寧大君靖孝公派世譜 卷一之一 霖溪副正派

南老 見書二二六
字夏仲 甲子八月一日生 丙子正月五日卒 ○墓瓢山坊大峰洞戌坐 壽七十三
配星州李氏 壬申生 父世華 癸酉二月十七日卒 ○墓瓢山坊雲盤里癸坐

子一 守垕
字而厚 壬寅十二月二十六日生 辛巳十二月二十六日卒 ○墓瓢山坊泉山谷亥坐
配光山金氏 壬寅九月六日生 父世寶 乙卯二月二十四日卒 ○墓軍威孝令面錦山卯坐 壽七十四

子二 守迪
字以吉 號忍齋 癸卯十一月十八日生 壬子八月十七日卒 ○墓義興面梅項洞丙坐 壽七十

子一 弘年
系叔父守迪后見下

子二 宜年
字善若 辛未四月二十八日生 乙卯十月七日卒 ○墓錦山先塋下卯坐
配仁川蔡氏 丁卯生 父思謙 丙子七月二十七日卒 ○墓義興縣雲峯艮坐 壽七十

子一 弘年
生父守垕見上 字國卿 丁卯九月二十二日生 甲寅四月四日卒 ○墓軍威郡孝令面老莫乾坐

子一 挺述
字癒之 癸卯十一月八日生 丙戌三月四日卒 ○墓軍威孝令石溪驛紫山坤坐
配平山申氏 生忌 ○墓鹽馬谷好木嶝下寅坐

子二 彭甲

女 朴東炯 月城人

子一 挺坤
字士剛 乙酉十二月十七日生 戊寅三月十九日卒 ○墓義興友保面高山寺后乾坐
配善山金氏

子 宅俊
生父挺坤見下 癸亥十二月二十七日生 癸丑三月二十日卒 ○墓好木嶝先山下壬坐
配仁同張氏 癸亥生 父東軾 癸丑二月二十三日卒 ○墓前

子 宅九
字淵如 乙巳五月四日生 甲戌十月五日卒 ○墓軍威孝令面瑞谷紫山內坐
配[illegible]林溪氏

子一 相教 見一之六 五〇八
子二 相麟 見一之六 五〇九

子一 相時 見一之六 五一三
子二 相容 見一之六 五一三

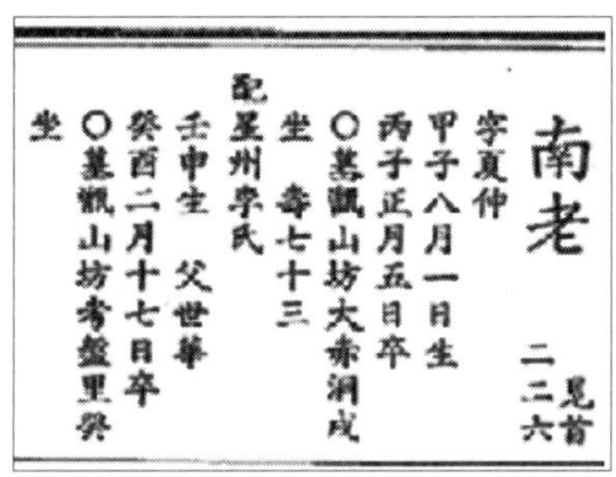

南老 見前 二二六

字夏仲
甲子八月一日生
丙子正月五日卒
○墓甑山坊大赤洞戌
坐 壽七十三
配星州李氏
壬申生 父世華
癸酉二月十七日卒
○墓甑山坊考盤里癸
坐

갑자 8월1일생, 병자 1월5일졸, 73세, 묘 증산 방대적동

10대 조부이신 이남로 할아버지는 이굉 할아버지의 둘째 아드님이셨고, 형님은 이동로 할아버지이시다. 자는 하중(夏仲)이시고, 숙종 10년, 1684년 (갑자년) 8월 1일에 태어나셨고, 아들은 이수후, 이수적 형제를 두셨다. 영조 32년, 1756년 (병자년) 1월5일 73세에 돌아가셨는데, 묘소는 증산(甑山) 방대적동(坊大赤洞) 술좌(戌座)에 모셨다. (증산은 현재 김천시 증산면으로 추정됨) 조모님은 성주이씨 이시고, 묘소는 증산 방고반리(甑山 坊考盤里) 계좌(癸坐)에 모셨다.

제35세(9대 조부) **李守垕 이수후** ☞ 계혜보 1-1권 941 참조

|---> 제1자 李弘年 이홍년 ☞ 계혜보 1-1권 941 참조

|---> **제2자 李宣年 이선년** ☞ 계혜보 1-1권 941 참조

子一 守垕

字而厚
壬寅十二月二十六日
生
辛巳十二月二十六日
卒
○墓甑山坊泉山谷辛
坐
配光山金氏
壬寅九月六日生
父世寶
乙卯二月二十四日卒
○墓軍威孝令面錦山
卯坐 壽七十四

임실 12월26일생, 신사 12월26일졸, 묘 증산방천산곡 신좌

조모: 광산김씨, 임인 9월6일생, 을묘 2월24일졸, 군위군 효령면 금산

9대 조부이신 이수후 할아버지는 이남로 할아버지의 장남이시고, 동생은 이수적 함자를 사용하신다. 자는 이후(而厚)이시고, 경종 임인년(경종 2년, 1722년) 12월26일 태어나셨고, 아들은 이홍년, 이선년 형제를 두셨다. 신사년(영조 37년, 1761년) 12월 26일 40세 생일날 돌아가셨고, 묘소는 증산 방천산곡(甑山 坊泉山谷) 신좌(辛坐)에 모셨다. 조모는 광산김씨 김세보의 따님이시고, 경종 임인년(경종 2년, 1722년) 9월 6일 태어나셨고, 정조 을묘년(정조 19년, 1795년) 2월 24일 74세에 돌아가셨고, 군위 효령면 금산 묘좌에 모셨다.

우리 가족이 경북 군위군 효령면으로 옮긴 시기는 아마 1761년 이수후 9대조 할아버지께서 돌아가신 후라고 추정된다. 광산김씨 가문에서 태어나신 9대 조모님께서는 9대 조부님과 동갑나이로 당시에 성주에서 집안 좋은 전주이씨 가문의 장남이신 이수후 할아버지께 시집 와서, 나이 40세 동갑이신 신랑과 사별하신 후 부군은 성주의 선산에 안장하셨다. 이 후에 생활의 어려움이나 출세를 위하여 광산김씨 9대 조모님께서, 장남 이홍년은 숙부 이수적에게 후견을 맡겼고, 차남 이선년 8대 조부님과 함께 군위 구효령(당시에는 현재의 효령인 신효령은 없었고, 구효령이 효령으로 불리웠음)으로 이사와서 사셨다고 생각된다. 아마 이때부터 군위 효령에 효령대군 삼계부정파가 터전을 잡고 8대째 현재 살고 있으며, 이곳을 보금자리로 꽃피운 시기이다.

얼마 전 엄마로부터 신혼 초에 시골 개꼴 도라지 밭에 꿈속에 나타나신 아주 먼 선대 할머니 이야기를 들려주셨는데, 아마도 엄마 꿈에 나타나서 혜안을 일러주신 할머니는 바로 9대 조모 광산 김씨 할머니이신 듯하다.

엄마는 그 꿈을 항상 신기해 하셨는데, 이번에 뿌리 찾기를 하면서 그 분이 누구인지를 알게 되셨고, 우리 선대 묘가 엄마의 고향에 있다는 사실을 참으로 귀중하게 느끼신다.

엄마는 우리집안과 과거에 연관이 있으리라 상상도 못하셨는데, 이렇게 깊은 인연이 있어 그 할머니가 꿈에 나타나 부자로 만들어 주신다며 도라지 밭으로 들어 가셨나 보다 하셨다.

효령면 금산(현재 군위군 효령면 장기1동)은 대구-안동간의 중앙고속도 가산IC 또는 군위IC에서 나와서 5번 지방도를 타고 가산IC-장군당이를 지나서 우측 또는 군위IC-효령면을 지나서 좌측에 위치한다.

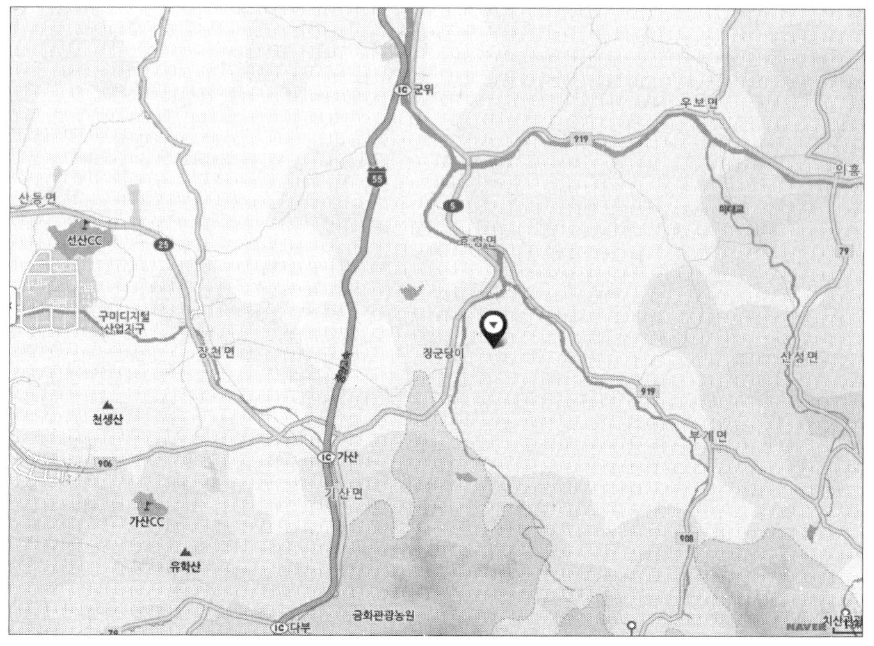

군위군 효령면 구효령-장군당이, 신효령-효령면 소재지, 출처: 네이버 지도

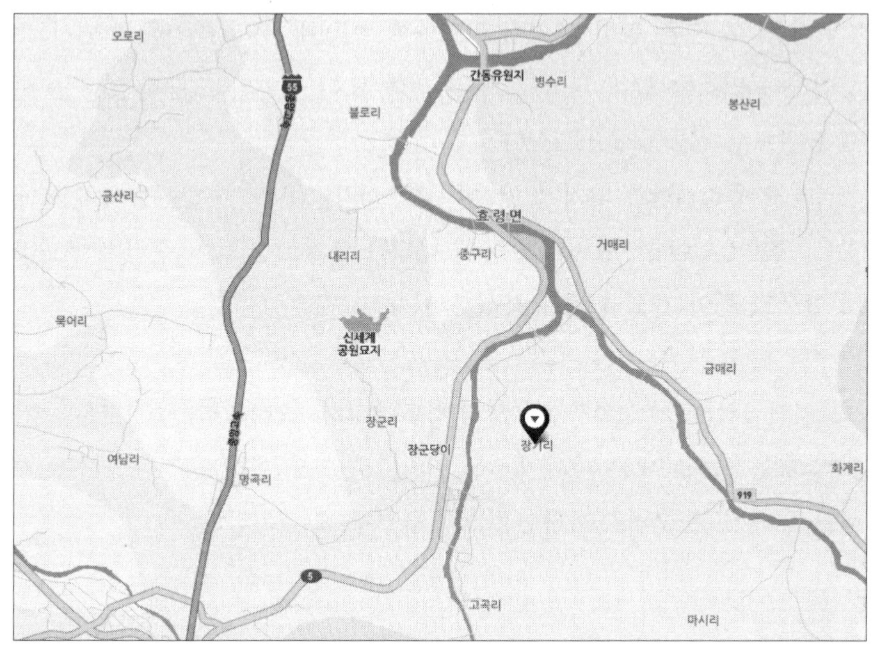

장군1,2,3리-5번 지방도 좌측, 장기1,2,3리-5번 지방도 우측, 출처: 네이버 지도

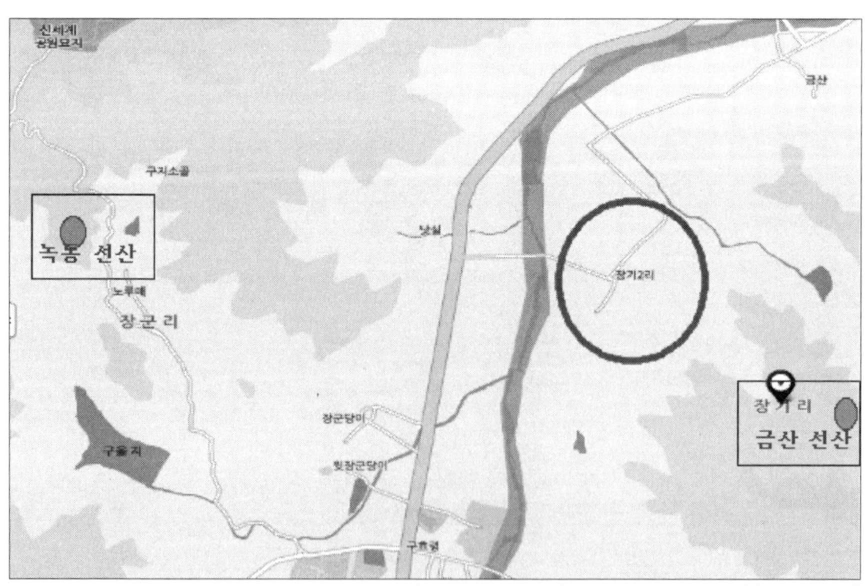

금산 선산 - 현재 시골집이 있는 장기2리와 금산 전에 우측 산에 위치하고 있음, 출처: 네이버 지도

큰집 큰할머니께 들은 이야기로는 예전 일본침략시대(1910~1945)에 금산 선산에 왕이 날 터가 있다고 일본 사람들이 그 곳을 찾아보니 우리 선산의 위치였고, 할머니 묘소와 아드님 묘소를 아래쪽으로 이장하도록 하고, 주변에 쇠못을 박았다고 하는데, 산소를 이장하던 날, 학불길이 하늘로 날아올라가는 모습을 많은 사람들이 보았다는 이야기가 전해온다. 지금도 명절이면, 생존해 계시는 큰 어머니나 작은 할아버지께서 일본의 어리석은 악행을 말씀 하신다. 이는 일부 어리석은 일본 사람들의 악행이기 때문에 이런 일로 인하여 백제의 후손들이 거주하는 일본에 대한 나쁜 감정은 없으며, 일본사람들이 더 현명해져서 과거의 잘못을 뉘우치고 아름다운 아시아를 함께 만들었으면 하는 바램이다. 이곳이 왕이 날 터라면, 아래로 옮겼어도 쇠못을 박았어도 그 정도에 굴하지 않고 이미 태어났거나 태어날 것이다.

군위군 효령면 금산 묘좌에 모신 두 분은 9대 조모님이신 광산 김씨와 둘째 아들 이선년 8대 조부님이시다. 해마다 음력 8월 첫째 주 일요일이 정기 벌초일인데, 이 행사에 참석하지 못하신 분들과 아빠, 작은 할아버지, 5촌, 9촌 아제들이 추석을 전후해서 벌초를 하러 가신다. 우리 시골에는 모두 33호가 살고 계시는데, 이 중에서 7집이 친인척간이다.

제36세(8대 조부) **李宣年 이선년** ☞ 계혜보 1-1권 941 참조

|---〉 **제1자 李挺述 이정술**

|---〉 제2자 李彭甲 이팽갑

8대 조부이신 이선년 할아버지는 이수후 할아버지의 차남이시고, 형 이홍년은 삼촌에게 양자 들어 가셨다. 자는 춘약(春若), 영조 27년, 1751년

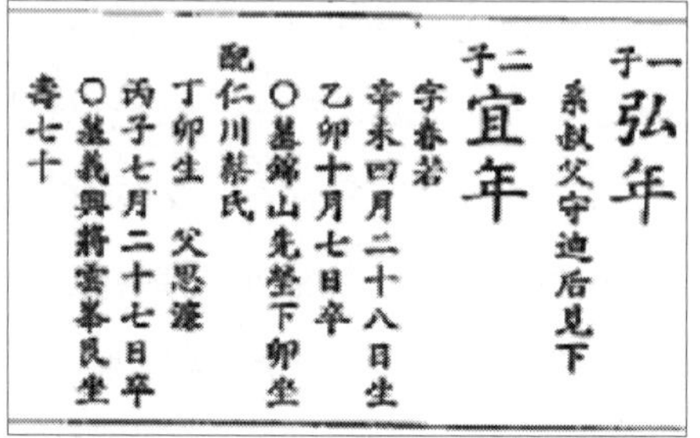

一子 弘年 系叔父守迪后見下
二子 宜年
字春若
辛未四月二十八日生
乙卯十月七日卒
○墓錦山先塋下卯坐
配仁川蔡氏
丁卯生 父思濂
丙子七月二十七日卒
○墓義興將雲峯艮坐
壽七十

신미 4월28일생, 을묘 10월7일졸, 묘 금산 선영하 묘좌-군위군 효령면 금산

(신미년) 4월 28일 태어나셨고, 아들은 이정술, 이팽갑 형제를 두셨다. 정조 19년, 1795년 (을묘년) 10월 7일 44세로 돌아가셨고, 묘소는 군위군 효령면 금산(錦山) 묘좌(卯坐)에 모셨다. 조모는 인천 채씨 채사도의 따님이시고, 영조 23년, 1747년 (정묘년)에 태어나셨고, 순조 16년, 1816년 (병자년) 7월 27일 70세에 돌아가셨으며, 묘소는 군위군 의흥(義興) 장운봉(將雲奉)에 모셨다. (현재 군위군 효령면 장운봉으로 추정)

군위군 효령면 금산 묘좌에 모신 두 분은 9대 조모님(광산김씨)과 둘째 아들 이선년 8대조부님 이시다. 매년 아빠와 작은 할아버지, 5촌, 9촌 아제들이 추석을 전후해서 벌초를 하러 가신다.

제37세(7대 조부) **李挺述 이정술** ☞ 계혜보 1-1권 941 참조

|---〉 **제1자 李宅俊 이택준**

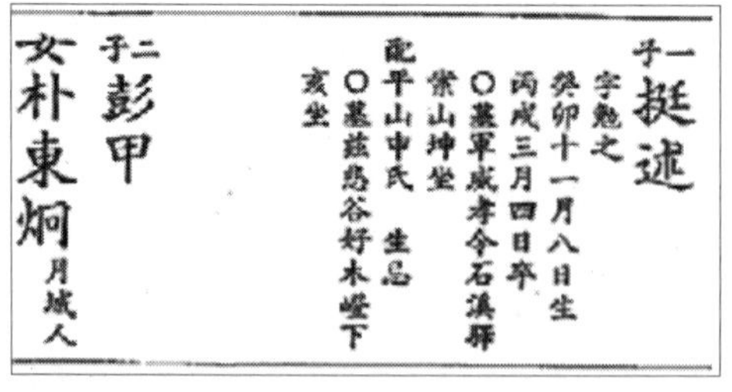

一子 挺述
字魁之
癸卯十一月八日生
丙戌三月四日卒
○墓軍威孝令石溪屛
紫山坤坐
配平山申氏 生忌
○墓慈悲谷好木嶝下
亥坐
二子 彭甲
女 朴東炯 月城人

계묘년 11월8일생, 병술 3월4일졸, 묘 군위효령석계O소산곤좌

조모: 평산신씨, 묘 자비곡 호목등하 해좌

7대 조부이신 이정술 할아버지는 이선년 할아버지의 장남이시고, 아우 이팽갑 할아버지가 계신다. 자는 면지(勉之), 정조 7년, 1783년 (계묘년, 청 건륭(乾隆) 48년) 11월 8일 태어나셨고, 아들은 이택준 독자를 두셨다. 순조 26년, 1826년 (병술년, 청 도광(道光) 6년) 3월 4일 44세에 돌아가셨고, 묘소는 군위군 효령 석계O소산(石溪[illegible]素山) 곤좌(坤坐)에 모셨다. 조모는 평산 신씨, 생몰 연대는 미상이시며, 묘소는 군위군 효령 석계O소산 자비곡 호목등하(玆悲谷 好木嶝下) 고개 아래에 모셨다.

제38세(6대 조부) **李宅俊 이택준** ☞ 계혜보 1-1권 941 참조

|---> 제1자 李相敎 이상교 ☞ 계혜보 1-6권 508 참조

|---> **제2자 李相麟 이상린** ☞ 계혜보 1-6권 509 참조

子宅俊
生父挺華見下
癸亥十二月二十七日生
癸丑三月二十日卒
○葬好木嶝先山下壬坐
配仁同張氏
癸亥生 父東轍
癸丑二月二十三日卒
○葬祔

조무: 계해 12월24일생, 계축 3월20일졸, 묘 자비곡 호목등하
조모: 인동장씨, 계해생, 계축 2월 23일졸

6대 조부이신 이택준 할아버지는 이정술 할아버지의 무녀 독남이시다. 순조3년, 1803년(계해년, 청 가경(嘉慶) 8년) 12월 27일 태어나셨고, 이상교, 이상린 두 아들을 두셨다. 철종4 년 1853년(계축년, 청 함풍(咸豊) 3년) 3월 20일 51세에 돌아가셨고, 묘소는 군위군 효령 석계O소산 자비곡 호목등하(玆悲谷 好木嶝下) 고개 아래 임좌(壬坐)에 모셨다. 조모는 인동장씨 장동

식(張東軾)의 따님이시고, 순조3년 1803년(계해년, 청 가경(嘉慶) 8년)에 태어나셨으므로 조부님과 동갑이시다. 철종4년 1853년(계축년, 청 함풍(咸豐) 3년) 2월23일 역시 51세에 조부님보다 1개월 앞서 돌아가셨고, 1개월 후에 조부님께서 타계하셨다. 묘소는 묘부(墓附), 부부가 함께 안장되셨다. 6대 조부님과 조모님께서는 부부가 같은 해에 태어나셨고, 같은 해에 돌아가신 천생연분이시며, 묘소도 함께 안장되셨으니, 가히 백년해로나 마찬가지라 볼 수 있다.

제39세(5대 조부) **李相麟 이상린**, (5대 조모) **礪山宋氏 여산송씨, 全州全氏**

☞ 계혜보 1-6권 509 참조

|---> 제1자 **李洪儀 이홍의(실제 李相揆 이상규)**

|---> 제1자 **李起浩 이기호 (실제=李宇弘 이우홍, 호적=李守洪 이수홍)**

|---> 제1자 李康元 이강원(이창의李昌儀)

|--> 여(이옥이) 이은섭

|--> 여(이금조) 송옥근

|--> 李成宰 이성재 이정희

|--> 여(이순남) 간종만

|--> 李得宰 이득재 송은주

|---> 제2자 **李康亨 이강형(이영의李永儀)**

|--> 여(이순라) 한광필

|--> **李焄宰 이훈재 최윤정(호적: 최원복)**

|--> 여(이금분) 김찬수

|--> 李龍宰 이용재 권영남

|---> 제3자 李康利 이강리(이태의李泰儀)

|--> 여(이순난) 이정부

|--> 李正宰 이정재 권미옥

|--> 李元宰 이원재 오인선

|--> 여(이귀난) 황진현

|---> 여(고모부) 이천식

|---> 여(고모부) 최종근

|---> 제2자 李起河 이기하(실제=李宇文 이우문)

|--> 李康泌 이강필 --> "없음"

|--> 李康大 이강대

|--> 李賢宰 이현재

|--> 李聖宰 이성재(이선재)

|---> 제2자 李天儀 이천의

|--> 李起玹 이기현

|--> 李康聖 이강성(이동의李東儀)

|--> 李永宰 이영재

|--> 李仁宰 이인재

|--> 李起玉 이기옥

|--> 李康聖 이강성(백부로 옮김)

|--> 李康善 이강선(이탁의 李탁儀)

|--> 李弘宰 이홍재

|--> 李光宰 이광재

|--> 李康好 이강호

|--> 李鎬宰 이호재

|--> 女(고모부) 사공춘

|---> 제3자 李豊儀 이풍의

|---> 제4자 李昌儀 이창의

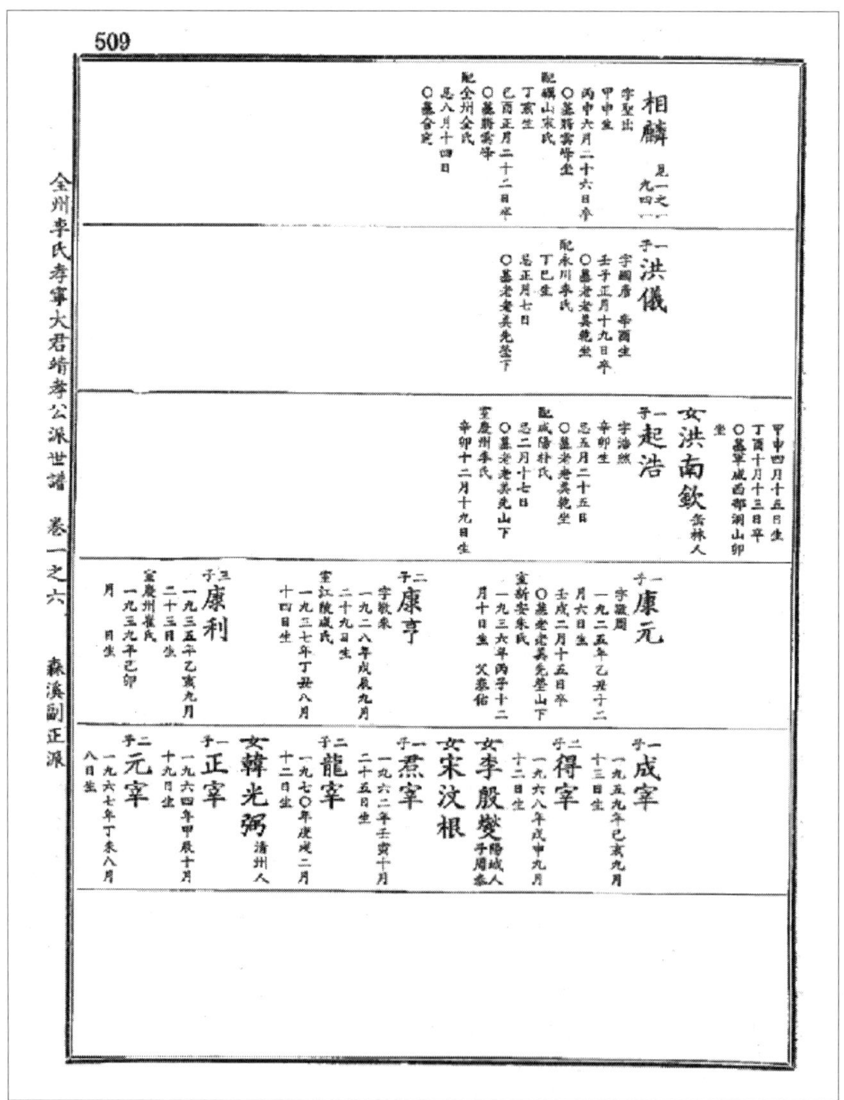

509

全州李氏孝寧大君靖孝公派世譜 卷一之六 森溪副正派

相麟 見一之九四
字聖出
甲申生
丙申六月二十六日卒
○墓賢客峰坐
配礪山宋氏
丁亥生
乙酉正月二十二日卒
○墓賢客峰
配全州金氏
忌八月十四日
○墓合窆

子一 洪儀
字國彦 辛酉生
壬子正月十九日卒
○墓老老峯艮坐
配永川李氏
丁巳生
忌正月七日
○墓老老峯先塋下

女 洪南欽 錦林人
甲申四月十五日生
丁酉十月十三日卒
○墓草成西部湖山卯坐

子一 起浩
字浩然
辛卯生
忌五月二十五日
○墓老老峯艮坐
配咸陽朴氏
忌二月十七日
○墓老老峯先山下
室慶州李氏
辛卯十二月十九日生

子一 康元
字致周
一九二五年乙丑十二月六日生
壬戌二月十五日卒
○墓老老峯先塋山下
室新安朱氏
一九三六年丙子十二月十日生 父泰佑

子二 康亨
字致秉
一九二八年戊辰九月二十九日生
室江陵咸氏
一九三七年丁丑八月十四日生

子三 康利
一九三五年乙亥九月二十三日生
室慶州崔氏
一九三九年己卯 月 日生

子一 成宰
一九五九年己亥九月十三日生

子二 得宰
一九六八年戊申九月十二日生

女 李般燮 陽城人 子周泰

女 宋汶根

子一 煮宰
一九六二年壬寅十月二十五日生

子二 龍宰
一九七〇年庚戌二月十二日生

女 韓光弼 清州人

子一 正宰
一九六四年甲辰十月十九日生

子二 元宰
一九六七年丁未八月八日生

十六世

十七世

子二 天儀
字敎必
己巳三月二十五日生
壬午八月二十日卒
○墓老老美壬坐
配金海金氏
己巳六月十八日生
父斗鍚
戊子十一月十日卒
○墓乾兆西便酉坐

十八世

子二 起河
字天一
丁酉生
忌四月十六日
○墓大邱市孝睦洞酉坐
配延安李氏
壬寅生 父欽錫
忌四月二十七日
○墓火葬

子一 起玹
字洛元
癸巳九月二十五日生
庚子五月十三日卒
○墓老老美先山下
配延日鄭氏
辛卯十一月十六日生
甲辰四月十八日卒
○墓老老美先山下

子二 起玉
字乃五

十九世

女 李千植 永川人 子炳和

女 崔鍾根 全州人 子明好

子一 康泌
系起淑后見上

子二 康大
一名大義
一九三七年丁丑四月三日生
室五山金氏
一九四一年辛巳七月一日生 父通植

女 安雲翼 冶城人
子一善好善

女 鄭千鎔 慶州人 子在燮

女 金允澤 人 子世民

子 康聖
生父起玉見下
字聖天
一九二四年甲子八月二十六日生
室文化柳氏
一九三〇年庚午正月七日生 父漢錫

女 朴在周 咸陽人 子炳鎬

子一 康聖
系伯父后見上

二十世

八好大好点好相好

子一 賢宰
一九六七年丁未十二月十五日生

子二 聖宰
一九七二壬子九月二十四日生

在旭

英民

子一 永宰
一九五九年己亥三月二十三日生

子二 仁宰
一九六二年壬寅三月十四日生

仁鎬永鎬

二十一世

軍威孝令

全州李氏孝寧大君靖孝公派世譜 卷一之六 森溪副正派

三子 豐儀
字舜益 壬申生
忌二月十五日
○墓仁同若木坐同塋
地
配安東權氏
己酉生 父致禪
忌三月三日
○墓老老美卯坐

四子 昌儀
字永昌 甲戌生
甲申十二月二日卒
○墓永川青通面普通

辛丑十月十七日生
甲辰四月十三日卒
祔○墓老老美先山下
配順天金氏
乙巳九月十三日生
父東潤
辛酉六月五日卒
○墓將軍洞老老美子
坐

女 洪再錫 缶溪人 子爽植

女 張斗慶 仁同人

子 起龍
戊寅生
忌六月十五日
○墓
室南陽洪氏
壬申生

女 徐相萬 達城人

一子 起仁
字孝仁 乙巳生
戊辰七月二十日卒
○墓新寧華西洞

二子 康善
一九四〇年庚辰十二
月十三日生
室鵝州申氏
一九三九年己卯十月
二十日生 父致朱

三子 康好
一九四六年丙戌十一
月二十三日生
室玉山張氏
一九五二年壬辰十一
月二十三日生

女 司空璿 孝令人 子祈伊

無嗣以從孫根宰奉祀

一子 弘宰
一九六二年壬寅八月
五日生

二子 光宰
一九七一年辛亥二月
十七日生

子 鎬宰
一九八〇年庚申三月
二十一日生

奉祀孫 根宰
生父康壬見下
一名宗根
一九五六年丙申

十六世

十七世

谷西坐
配金海金氏
壬申生 父俊達
己巳二月七日卒
○墓乾位下
配慶州李氏
甲戌生 父北窓
乙亥七月八日卒
○墓同原

十八世

秋德谷子坐
配慶州崔氏
丁未生 父道碩
忌三月十五日
○墓

子二 起義
字志仁 丁未生
辛卯二月十二日卒
○墓華西洞成則谷卯坐
室坡平尹氏
一九〇二年壬寅五月
二十三日生
父致鎬

子三 起禮
字泰仁
一九一一年辛亥三月
八日生
室青松沈氏
一九一二年壬子九月
七日生

子四 起智
一九一七年丁巳十月
二十八日生
室金海金氏
一九二〇年庚申三月
三日生 父棠伊

十九世

子 康乙
庚午四月二十六日生
忌
○墓
室金海金氏
父敬律

子 康壬
一九三二年壬申十二
月十日生
室 氏
生忌
○墓

子 康正
一九四三年癸未九月
二十七日生
室恩津宋氏
一九四七年丁亥十月
十七日生

女 金基德 義城人 子甲植

女 金乙詳 慶州人 子顯俊

二十世

九月十五日生

子 宗宰
生父康正見下
初名宗烈
一九七一年辛亥四月
二十日生

子一 根宰
系起仁后奉祀孫見上

子二 秉宰
一名世根
一九六八年戊申二月
十五日生

子一 宗宰
系康乙后見上

子二 勳宰
一名宗勳
一九七二年壬子十二
月一日生

二十一世

十六世

宅俊 相教 見一之一九四一
字而瑞
庚辰八月十八日生
忌十月十五日
○墓軍威缶溪面大谷洞索山酉坐
配驪州李氏
壬午生
己巳四月十七日卒
○墓尙須谷午坐

十七世

子一 重儀
字孟純
丙辰生
忌六月二十二日
○墓將雲峯先塋下卯坐
配缶林洪氏
乙卯生 父秉烈
忌八月一日
○墓紫山祖考墓階下酉坐

子二 光儀
字孟三
壬戌五月十二日生
忌七月四日
○墓孝令老老美酉坐
配龜山朴氏
甲子生 父春坐
忌七月二十六日
○墓老老美洞 坐

十八世

子 起淑
字致甯
庚寅十月三十日生
忌 未詳
○墓將雲峰 坐
配缶林洪氏
庚寅生 父致修
忌正月六日
○墓下平村后卯坐
宜義城金氏
一九一三年癸丑四月四日生

子一 起雨
字武一 戊寅生
忌二月九日
○墓失傳
配月城朴氏
戊寅生
忌二月十三日
○墓失傳

子二 起乙
字武彦 庚辰生
忌十二月五日
○墓軍威召保面福里洞山卯坐
配金海金氏

十九世

子 康泌
生父起河見下
己未生

女 黃秉光 海平人 子愛真 東燮

二十世

女 兪吉先 杞溪人 子鎭相 秀鎬 文燁
女 李春基 碧珍人 子競國 鍾振
女 金鍊浩 金海人 子桐佑 居軍威孝令場基

二十一世

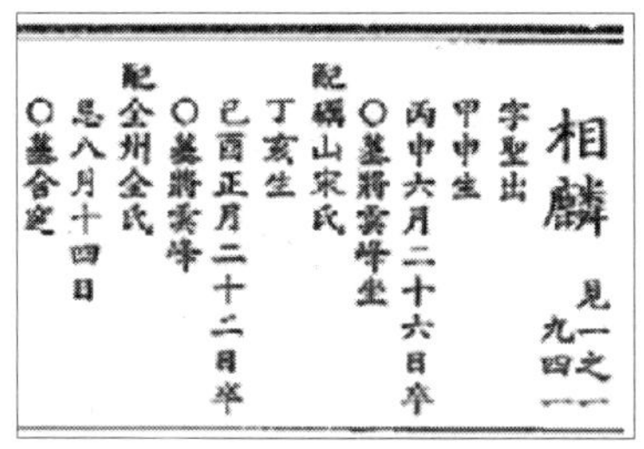

相麟 見一之一 九四一
字聖出
甲申生
丙申六月二十六日卒
○墓將賓峰坐
配礪山宋氏
丁亥生
己酉正月二十二日卒
○墓將賓峰
配全州全氏
忌八月十四日
○墓合窆

갑신생, 병신년 6월 26일 졸, 묘 장운봉 – 경북 군위군 부계면 고곡동 장운봉

조모: 여산송씨, 정해생, 기술 1월22일졸, 묘 장운봉

조모: 전주전씨, 기일 8월14일

5대 조부이신 이상린 할아버지는 이택준 할아버지의 둘째 아드님이시고, 형님은 이상교 함자를 쓰신다. 순조 24년 1824년(갑신년, 청 도광(道光) 4년)에 태어나셨고, 이홍의, 이천의, 이풍의, 이창의 네 아들을 두셨다. 고종 33년 1896년(병신년, 대한 건양(建陽) 1년) 6월 26일 73세에 돌아가셨고, 묘소는 군위군 효령 장운봉에 모셨다. 조모는 두 분이신데, 큰 조모님은 여산 송씨(礪山宋氏), 순조 27년 1827년(정해년, 청 도광(道光) 7년)에 태어나셨으므로 조부님보다 3살 연하이시고, 순종 2년 1909년(기유년, 대한 융희(隆熙) 3년) 1월 22일 역시 83세에 돌아가셨다. 묘소는 군위군 효령 장운봉에 모셨다. 작은 조모님은 전주전씨(全州全氏), 생몰연대 미상이며, 제삿날은 음력 8월 14일이다. 묘는 합폄(合窆) 즉, 합장하셨다.

제40세(4대 조부=고조부) **李洪儀 이홍의** (실제 李相揆 이상규)

(고조모) **永川李氏 영천이씨**

|---> **제1자 李起浩 이기호(실제=李宇弘 이우홍, 호적=李守洪 이수홍)**

|---> 제2자 李起河 이기하(실제=李宇文 이우문)

|--> 李康泌 이강필 --> "없음"

|--> 李康大 이강대

|--> 李賢宰 이현재

|--> 李聖宰 이성재

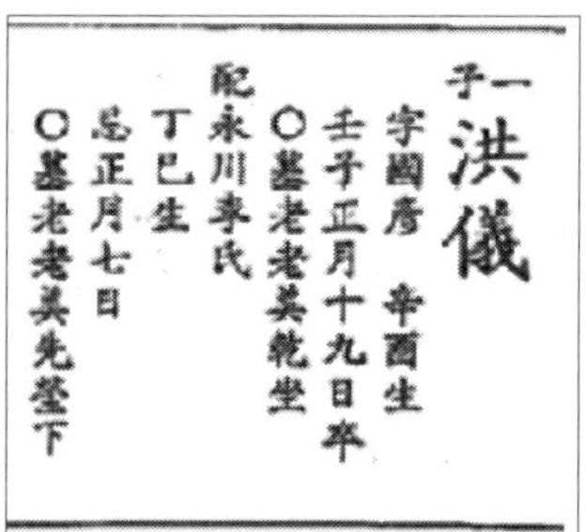

一子 洪儀
字國彦 辛酉生
壬子正月十九日卒
○墓老老美乾坐
配永川李氏
丁巳生
忌正月七日
○墓老老美先塋下

고조부: 신술생, 임자년 1월19일졸, 묘 노노미 건좌 - 군위 효령 녹동 선영 제일 아래쪽

고조모: 영천이씨, 정사생, 기일 1월7일, 묘 노노미 선영하

4대 조부(고조부)이신 이홍의(실제로는 이상규) 할아버지는 이상린 할아버지의 맏아드님이시고, 자는 O언(彦), 동생들은 이천의, 이풍의, 이창의 함자를 쓰신다. 철종 12년 1861년(신유년, 청 함풍(咸豐) 11년) 출생하셨고, 이기호(증조부, 실제 이우홍, 호적 이수홍)와 이기하(실제 이우문) 두 아들을 두셨다. 일제치하시기인 1912년 (임자년) 1월 19일에 52세에 돌아가셨고, 묘소는 군위군 효령 녹동 선산(노노미 건좌, 老老美 乾坐)에 모셨다(아래 그림의 묘지 위치 ③). 조모님은 영천이씨(永川李氏), 철종 8년 1857년(정사년, 청 함

풍(咸豐) 7년)에 태어나셨으므로 조부님보다 4살 연상이시고, 기일(제삿날)은 음력 1월 7일 이시다. 묘소는 군위군 효령 녹동 선산(노노미 선영하, 老老美 先塋下)에 모셨다. (아래 위성사진 선영위치 ④)

고조부 묘: 아래 선영위치 ③

고조모 묘: 아래 위성사진 선영위치 ④

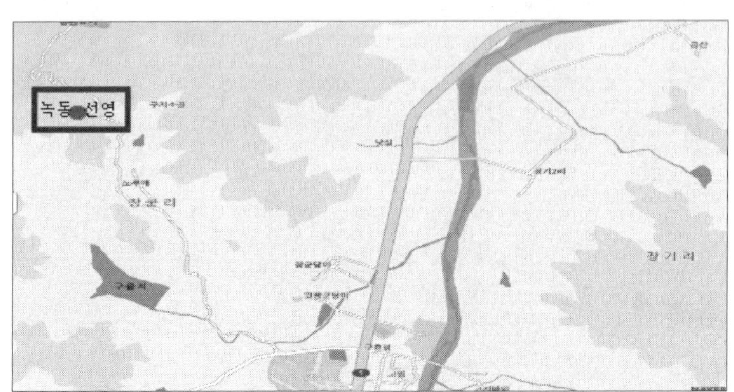

경북 군위군 장군1동 녹동-노노미(노루매) 선영 위치, 출처: 네이버 지도

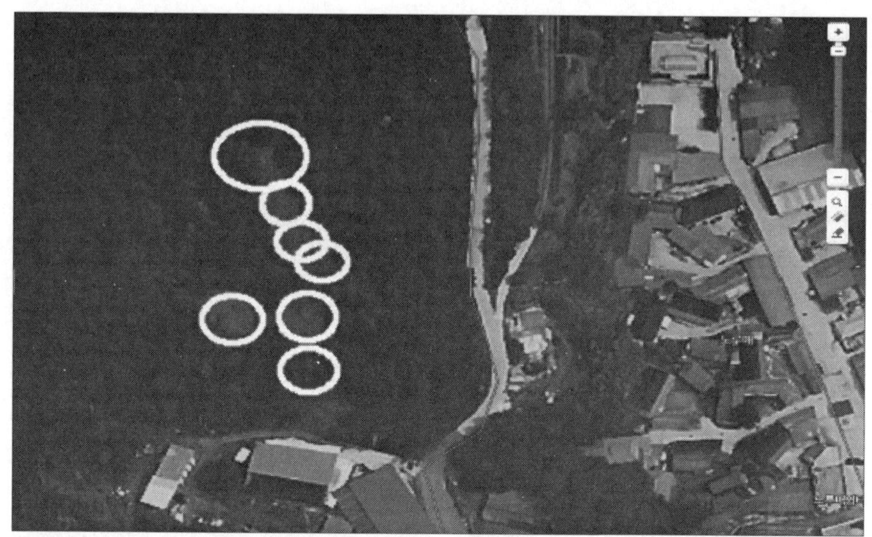

경북 군위 효령 장군1동 녹동 노노미(노루매) 선영 분포 - 출처: 네이버 위성 지도 참조

① 16대 조모 추정, ② 15대 조부추정, ③ 4대조부(고조부), ④ 4대조모(고조모) ⑤ 3대 조부(증조부), ⑥ 증조모 밀양박씨 ⑥' 증조모 경주이씨 ⑦ 큰 할아버지 ⑧ 친할아버지, 출처: 네이버 위성 지도

제41세(3조부=증조부) **족보=李起浩 이기호** (실제=李宇弘 이우홍, 호적=李守洪 이수홍)

(증조모) **李日丹 이일단**(慶州李氏 경주이씨), **咸陽朴氏 함양박씨**

|---> 제1자 李康元 이강원(李昌儀 이창의)

| |--> 李成宰 이성재 이정희

| |--> 李得宰 이득재 송은주

|---> **제2자 李康亨 이강형 (李永儀 이영의)**

| |--> **李焄宰 이훈재 최윤정**

| |--> 李龍宰 이용재 권영남

|---> 제3자 李康利 이강리 (李泰儀 이태의)

| |--> 李正宰 이정재 권미옥

| |--> 李元宰 이원재 오인선

|---> 여(고모부) 이천식

|---> 여(고모부) 최종근

一子 起浩
字浩然
辛卯生
忌五月二十五日
○墓老老美乾坐
配咸陽朴氏
忌二月十七日
○墓老老美先山下
室慶州李氏
辛卯十二月十九日生

자 호연, 신묘생, 기일 5월25일, 묘 노노미건좌

증조모: 함양박씨, 기일 2월 17일, 묘 노노미건선산하

증조모: 경주이씨, 신묘 12월19일생

3대 조부(증조부)이신 이기호(실제로는 이우홍, 호적에는 이수홍) 할아버지는 이홍의 할아버지의 만 아드님이시고, 자는 호연(浩然), 동생은 이기하 함자를 쓰신다. 고종 28년 1891년(신묘년, 청 광서(光緒) 17년) 출생하셨고, 큰 증조모(경주이씨)로부터 두 딸을 두셨고, 작은 증조모(함양박씨)로부터 이강원(실제 이창의), 이강형(실제 이영의), 이강리(실제 이태의) 세 아들을 두셨다. 일제치하시기에 50세 정도에(1940년경 예상, 작은 할아버지 5~6세에 돌아가셨다고 하였다.)에 돌아가셨고, 기일은 음력 5월 25일이시다. 묘소는 군위군 효령 녹동 선산(노노미 건좌, 老老美 乾坐)에 모셨다(선영 위성사진 묘지위치 ⑤). 큰 증조모님은 경주이씨(慶州李氏, 이일단), 고종 28년 1891년(신묘년, 청 광서(光緒) 17년) 12월 19일에 태어나셨으므로 증조부님과 동갑이시고, 1980년 3월 15일(음력) 89세(아빠 고등학교 2학년 때)에 돌아가셨고, 기일(제삿날)은 음력 3월 15일 이시다. 묘소는 군위군 효령 녹동 선산(노노미 선영하, 老老美 先塋下)에 모셨다. (선영 위성사진 묘지위치 ⑥' 위쪽 자리임). 작은 증조모님은 함양박씨(咸陽朴氏), 66세~68세 정도(이용재 삼촌 5~6세경, 아빠가 초등학교 때) 돌아가셨고, 살아 생전에 시력을 잃으셨기 때문에 큰집 5촌들과 아빠가 지팡이로 모시고 마을을 다니신 기억이 나신다고 하신다. 기일은 음력 2월 17일, 묘소는 군위군 효령 녹동 선산(노노미 선산하, 老老美 先山下)에 모셨다. (선영 위성사진 묘지위치 ⑥ 아래쪽 자리임).

증조부님이 일찍(50세 이전) 세상을 하직하셨으며, 작은 증조모님은 살아 생전에 큰 할아버지 댁에 계셨고, 큰 증조모님은 둘째이신 우리 할아버지 댁에서 계셨다. 할머니 말씀으로는 증조 할아버지께서 현재 군위군 효령면 고곡1리 집(청수장 위치)에서 살고 계셨고, 경주이씨 증조 할머니께서는 경북 칠곡군 가산면 석우동(가산 IC 출구--군위방면 국도 좌측 첫 번째 마을)의 큰 부자이셨는데, 출가하면서 많은 토지를 군위군 효령면 장기2동 마을에 가져오셨다고 한다. 그 후에 증조할아버지께서 돌아가신 후 군위군 효령면 장기2동(음지나실) 마을로 이사 오셨고, 이곳에는 5남매 중에서 막내딸을 제외한 4남매가 이 마을에서 터를 잡고 살고 계셨고, 현재도 거주하고 계신다. 막내 고모할머니는 산너머 마을인 경북 칠곡군 장천면 수명리에 살고 계신다. 큰 증조할머니께서는 1년에 한번씩 따님 집에 가시면 보통 2개월 정도 그 곳에 계시다가 오셨다고 하신다.

증조부님의 형제로는 동생인 이기하(실제로는 이우문) 할아버지가 계셨고, 이기하 할아버지는 다시 두분의 아드님(이강필, 이강대)을 두시었다. 이강필 할아버지는 오래전에 세상을 떠나셨는데, 후손과의 연락이 끊어진 상태이다. 그리고, 이강대 할아버지는 대구시 수성구에서 기거하셨는데, 10여년전에 돌아가셨고, 고곡동 선산에 모셨다. 이강대 할아버지는 다시 두분의 아드님(이현재, 이성재)과 두 딸을 두셨는데 아빠와는 6촌간이며, 조모님은 여전히 대구시 수성구에 살고 계신다.

제42세 (조부) **족보=李姜亨 이강형** (호적=李永儀 이영의) - (조모) **咸相蘭 함상난**

|---> **제1자 李焄宰 이훈재 --> 李秀容 이수용 (호적=李東勳 이동훈),**

| **李柾璇 이정선**

|---> 제2자 李龍宰 이용재 --> 李俊錫 이준석,

李承岷 이승민

子一 康元
字敬周
一九二五年乙丑十二
月六日生
壬戌二月十五日卒
○墓老走吳先塋山下
室新安朱氏
一九三六年丙子十二
月十日生 父泰佑

子二 康亨
字敬來
一九二八年戊辰九月
二十九日生
室江陵咸氏
一九三七年丁丑八月
十四日生

子三 康利
一九三五年乙亥九月
二十三日生
室慶州崔氏
一九三九年己卯
月 日生

이영의 할아버지(족보: 이강형)는 아빠와 더불어 내가 유일하게 볼 수 있었던 직계 할아버지이시다. 할아버지는 1928년(무진년) 음력 9월 29일, 일제치하 강점기에 경북 군위군 구효령 고곡동(현재 청수장 위치)에서 태어나셨고, 이후에 증조부님께서 현재 할머니께서 살고 계신 음지나실(경북 군위군 효령면 장기2동-음지나실)로 이사하셨고, 왕족이던 가세가 기울어 집안이 가난하여 초등학교 문턱을 밟지 못하셨다. 할아버지는 29세 늦은 나이에 함상란(강릉함씨, 1937년 정축생 8월 14일생, 추석 전날이 생신일, 경북 칠곡군 가산면 응추동 산골마을 태생)할머니와 9살 차이로 결혼하시어, 이 마을에서 큰 고모(이순라), 아빠(이훈재), 작은 고모(이금분), 삼촌(이용재)을 낳고 기르셨으며, 한 평생 가난한 농부로 살아가시다가 2000년 음력 7월 1일(양력 8월 2일) 낮, 73세를 일기로 시골 마을에서 돌아가셨고, 묘소는 녹동(노노미 선영, ⑧번 위치)에 모셔졌다. 함상란 할머니께서는 현재 74세(2010년 현재)이시고, 여전히 할아버지와 함께 사셨던 시골집에서 살고 계시면서 대구에 계신 우리집에 주말마다 들르신다. 할아버지는 키가 181cm 이셨고, 마른 체질에 미남형/호남형 이셨고, 한 평생 주변에 선업을 쌓아서 주위의 칭찬이 자자하시다.

현재 음지나실에는 여러 친인척께서 살고 계신다. 큰 할아버지(이창의-족보: 이강원), 우리 할아버지, 작은 할아버지(이태의-족보: 이강리)를 비롯해서 큰 고모 할머니, 방계로 이강성(실제 이동의) 할아버지, 이강선(실제 이탁의), 이강호 할아버지, 그리고 고모 할머니께서 한 분 더 계신다.

형님이신 이창의(호적-이강원) 할아버지는 1925년(을축년) 음력 12월 6일 생, 신안 주씨 할머니(1936년 병자년 음력 12월 10일 생, 부친 주태우, 경북 군위군 효령면 마시동 태생)와 결혼하시어 음지나실 큰 집에서 평생을 사셨고, 고모 세분(이옥이, 이금조, 이순남)과 5촌 큰 아빠(이성재), 5촌 작은 아빠(이득재)를 두셨다. 큰 할아버지께서도 집안이 가난하여 초등학교를 못 다니셨지만, 한문을 독학으로 익히셨으며, 한 평생 농사를 지으시다가 58세이신 1982년(임술년)에 일찍 세상을 여의셨다. 큰 할머니는 현재 73세(2010년 현재)이시고, 나실 마을에서 살고 계신다. 할아버지 삼형제(이강원-이창의, 이강형-이영의, 이강리-이태의)는 같은 마을에서 평생을 함께 하셨으며, 매일 아침마다 큰 할아버지께 문안을 드리고, 큰일과 작은일을 함께 나누시면서 마을에서 소문난 우의를 보이셨다.

동생이신 이태의(호적-이강리) 할아버지는 1935년(을해년) 9월 23일생, 경주 최씨 할머니(1939년 기묘생, 경북 군위군 효령면 내리리 태생)와 결혼하시어 음지나실 작은 집에서 평생을 살고 계시며, 고모 두 분(이순란, 이귀난)과 5촌 작은 아빠 두 분(이정재, 이원재)을 두셨다. 작은 할아버지께서는 삼형제 중에서 유일하게 초등학교 교육을 받으셨고, 평생 농사일을 하고 계시지만, 마을에서 발동기/경운기/타작기계/애초기/분무기 등과 같은 기계 다루는 솜씨가 제일 뛰어나시다고 한다. 작은 할아버지는 올해 75세이시고, 작은 할머니는 올해 71세이시며, 음지나실 시골 작은 집에서 살고 계신다.

큰 고모 할머니(본 다른 이씨 이천식과 결혼)께서도 역시 음지나실 시골 마을에 현재 살고 계신다. 일찍이 6.25 전장터에서 부군을 여의셨고, 1남 5녀를 두셨으며, 우리 할아버지와 동갑이시니까 현재 83세이시다.

작은 고모 할머니(경주최씨 최종근과 결혼)께서는 산너머 명곡리(경북 칠곡군 장천면 명곡리)에 현재 살고 계신다. 몇해 전에 부군을 여의셨고, 5남 1녀를 두셨으며, 우리 할아버지보다 몇 살 아래이시니까 현재 80세 전후이시고 손녀가 사법고시에 합격하여 자랑스럽게 생각하신다.

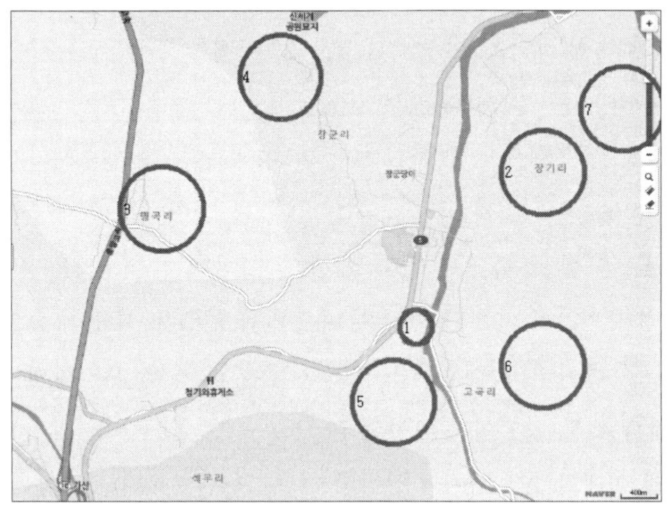

① 증조부 이상 선대 할아버지들의 옛날 집터(현재 고곡동 청수장 식당 위치)

② 조부께서 살아가신 마을(경북 군위군 효령면 장기2동, 음지나실) : 대략 33가구에 큰 할아버지, 우리 할아버지, 작은 할아버지, 큰 고모 할머니, 7촌 할아버지 두분이 계시거나 아직도 살아계심

③ 작은 고모 할머니께서는 칠곡군 장천면 명곡리에 출가하셔서 아직 그 곳에 계심

④ 우리 집안 선영-1 (경북 군위군 효령면 장군1동 녹동 노루매=노노미)

⑤ 우리 집안 선영-2 (경북 군위군 고곡리 장운봉)

⑥ 우리 집안 선영-3 (경북 군위군 고곡리)

⑦ 우리 집안 선영-4 (경북 군위군 효령면 금산)

제43세 (부친) **李焄宰 이훈재** – (모친) **최윤정**(호적=崔垣福 최원복)

☞ 계혜보 1-6권 509 참조

|--> 李秀容 이수용 (호적=李東勳 이동훈)

|--> (여) 李柾璇 이정선

子一 成宰 一九五九年己亥九月十三日生
子二 得宰 一九六八年戊申九月十二日生
女 李殷燮 陽城人 子周泰
女 宋汶根
子一 焄宰 一九六二年壬寅十月二十五日生
子二 龍宰 一九七〇年庚戌二月十二日生
女 韓光弼 清州人
子一 正宰 一九六四年甲辰十月十九日生
子二 元宰 一九六七年丁未八月八日生

* 효령대군 19대손=20세/ 시조 42대손=43세

아빠(이훈재), 엄마(최윤정): 아빠께서는 1962년(임인년) 호랑이띠, 음력 10월 25일 경북 군위군 효령면 장기2동(음지나실)에서 2남 2녀 중 장남으로 태어나셨다. 대전에서 연구소에 근무하시던 중에 1988년 10월31일 엄마(최윤정)와 결혼을 하셨고, 이듬해인 1989년에 오빠(이수용, 호적-이동훈)가 태어났으며, 4년 뒤인 1993년에 내가 태어났다. 이후에 아빠께서는 대학교로 직장을 옮기시어 교수로 재직하고 계신다. 엄마께서는 고등학교 교사로서 근무하고 계신다. ADD에 근무하시면서 정보통신 장비를 개발하신 부분이 인정이 되어서 국방부장관표창(89년), 국방과학상, 국방연구장려금 2회, 국방과학장려금 2회를 받으셨다. 대학교에서는 국제 우수논문상을 비롯하여 국내 학술대회 우수논문상을 여러차례 수상하셨고, 최근에는 2010년도 대한민국학술원에서 우수도서로 선정이 되셨다. 그리고, 국제 3대 인명사전인 미국 마르퀴즈 후즈후(2009/2010/2011년)인명사전등재, 미국 ABI 인명사전(2009/2010/2011년) 등재, 그리고 영국 IBC 인명사전(2009/2010년) 등재되시는 영광을 안으셨다. 그리고, 마라톤 풀코스(42.195km)를 3회, 하프코스(21.0975km)를 10여차례 완주하셨다.

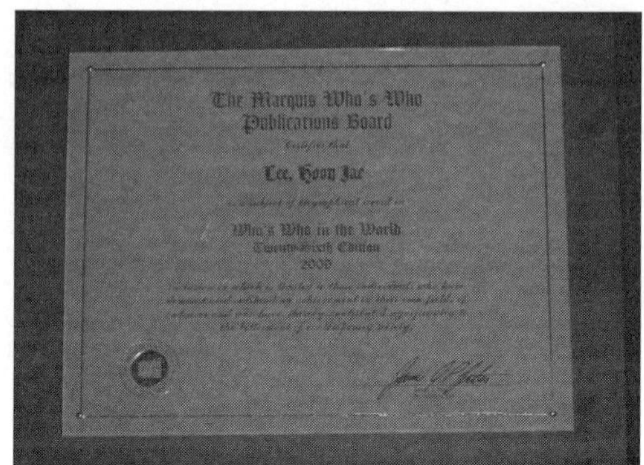

마르퀴즈 후즈후 인명사전 등재 및 패

2010.6.15 대한민국 학술원 우수도서 선정됨

2007.9.5일 컴원미디어출판

어머니가 지도한 학생들이 한국 화학올림피아드, 과학전람회, 발명품 대회 등에서 좋은 상을 수상하였고, 국제 화학올림피아드에 참가하여 금메달과 은메달을 받았다.

삼촌(이용재), 숙모(권영남): 삼촌은 아빠보다 8살 연하, 1970년 경술년 개띠, 음력 2월 12일생이시다. 시골에서 초등학교와 중학교를 졸업하시고, 대구에서 고등학교, 대학교를 졸업하셨고, 구미에서 사업을 하시던 중에 숙모를 만나서 결혼하시고, 현재도 구미에서 살고 계신다. 4촌 동생은 이준석, 이승민 두 명이 있다.

큰고모(이순라), 큰고모부(한광필): 큰고모는 아빠보다 5살 연상이시고, 1957년 닭띠해 태어나셨다. 대구에서 생활하시다가, 큰고모부랑 결혼하시어 현재는 구미에서 생활하고 계신다. 고종4촌으로 한원진, 한수진, 한금화, 한성훈 등 1남 3녀인데, 모두 나에게 오빠, 언니들이다.

작은고모(이금분), 작은고모부(김찬수): 작은고모는 아빠보다 4살 연하이시고, 1966년 말띠해 태어나셨다. 아빠가 5살 때 할머니랑 함께 밭에 가서 감자를 캐는데, 할머니께서 아빠는 혼자 밭에 두고 먼저 집으로 가셨다고 하는데, 그날 감자 캐는 날 고모가 태어나셨다고 하신다. 대구에서 생활을 하시다가, 작은 고모부랑 결혼하시어 현재는 구미에서 사업을 하고 계신다. 고종4촌으로 김동균, 김민준, 김민주 2남 1녀인데, 오빠가 2명이고, 귀여운 민주는 내 동생이다.

다음으로 아빠 4촌들에 대해서 큰할아버지(족보-이강원, 실제 이창의)댁의 아빠 4촌(내게 5촌)들과 6촌 오빠, 언니, 동생들은 다음과 같다.

- 5촌(이성재), 숙모(이정희): 언니 이선영
- 5촌(이득재), 숙모(송은주): 동생 이수종, 이가영
- 고모(이옥이), 고모부(이은섭): 언니 이미영, 오빠 이주태
- 고모(이금조), 고모부(송옥근): 언니 송정희, 언니 송민희, 동생 송민성
- 고모(이순남), 고모부(간종만): 오빠 간재영, 오빠 간희영

다음은 작은 할아버지댁(족보-이강리, 실제 이태의)의 아빠 4촌(내게 5촌)들과 6촌 동생들은 다음과 같다.

- 5촌(이정재), 숙모(권미옥): 동생 이유정, 이철민
- 5촌(이원재), 숙모(오인선): 동생 이규민, 이현지
- 고모(이순난), 고모부(이정부): 언니 이희정, 오빠 이희종
- 고모(이귀난), 고모부(황진현): 동생 1명

다음으로 아빠 6촌들은 다음과 같다.

큰할아버지(족보-이강필)께서는 자제분이 없으시고, 딸만 있었기 때문에 표기가 안된다.

작은할아버지(족보-이강대)댁 아빠 6촌은 다음과 같다.

- 이현재
- 이선재(족보:이성재)
- 딸 1명

다음으로 아버지 8촌들은 다음과 같다.

시골 큰할아버지(족보-이강성, 실제 이동의)댁 아빠 8촌은 다음과 같다.

- 이영재(李永宰) : 이정숙, 이정호
- 이인재(李仁宰) : 이정화, 이정환
- 딸 2명(이옥분, 이을리)

시골 둘째할아버지(족보-이강선, 실제 이탁의)댁 아빠 8촌은 다음과 같다.

- 이홍재(李弘宰) : 이정미, 이홍준
- 이광재(李光宰)
- 딸 1명(이영란)

대구 작은할아버지(족보-이강호)댁 아빠 8촌은 다음과 같다.

- 이호재(李鎬宰)
- 딸 1명(이정희)

제44세 오빠=李秀容 이수용 (호적=李東勳 이동훈)/ **나=李柾璇 이정선**

* 효령대군 20대손=21세/ 시조 43대손=44세

나 이정선, 이 글 맨 처음 소개부분에서 이야기한 바와 같이 대전시 동구 자양동 2층에서 1993년 11월 3일에 태어났다. 대전에서 7살까지 살았고, 유치원을 그곳에서 다녔다. 7살 때 아빠가 연구소에서 대학교로 직장을 옮기시면서 대구에서 초·중·고1학년 1학기를 마치고, 현재는 캐나다 뱅쿠버 지역 코퀴틀람 리버사이드 학교(riverside secondary school) 11학년에 재학 중이다.

그동안 많은 상을 받았지만, 수학과 미적분 분야에서 top student, 수학경시대회에서 캐나다 10위 이내, 과학 분야에서 BC 주 메달을 받았다. 국외에 나와서 받은 상이라서 더욱 기뻤고, 캐나다 학생들이 진심으로 같이 축하해 주었다. 한국 유학생들에게 조금이라도 자긍심을 주게 되어 다행이었다.

오빠 이동훈은 1989년 9월 8일생이고, 대전시 서구 변동 1층에서 태어났다. 부모님께서 그 전셋집의 주인 분들이 자애로우셔서 많은 도움을 주셨다고 늘 말씀하신다. 오빠는 부모님이 맞벌이를 하셔서 5살까지 할아버지와 할머니가 지극정성으로 돌봐주시어 시골에서 자랐고, 어릴 때, 두 손과 두 발을 땅에 짚고 온 동네를 매우 빠르게 돌아다녔으며, 어린아이가 없는 시골 마을의 마스코트처럼 자랐다. 어릴 때부터 남다른 효성으로 엄마에게 감자를 갖다 준다고 큰 봉투에 감자 한 개를 넣은 후, 세발자전거를 타고 대구까지 간다고 나가서 할아버지와 할머니는 금쪽같은 손자를 잃어버린 줄 아시고, 간담을 서늘하게 했던 기억들을 지금은 웃으면서 이야기 하신다. 그 후로도 오빠가 미아가 될 일이 몇 번 더 있었다. 둘째 외삼촌 결혼식에서 엄마 찾는다고 혼자 나가서 큰 이모부가 찾은 일 등, 크고 작은 에피소드가 많다. 오빠는 대전 동구 자양동에서 유치원을, 대구 수성구에서 초등학교와 중·고등학교를, 다녔고, 대학교 경영학과에 수석으로 입학하여 4년

전액 장학생으로 선정되어 부모님께 또다른 효도를 하였다. 현재는 2학년 1학기 휴학한 후 대전에서 조교로 군생활을 즐기고 있다.

5장

맺는말

사람은 동물과 달라서 누구나 자신의 존재에 대한 정체성(identity)을 알고 싶어 한다. 나는 누구인가?, 나는 어디서 왔는가?, 나는 어디로 가는가?, 왕족인 효령대군 후손이 도대체 왜 한양에서 멀리 떨어진 이곳 효령(군위군 효령면 장기2동)까지 무슨 이유로 이주해왔을까? 그것도 조선시대에, 효령대군과 같은 이름을 쓰는 효령 지방으로 내려온 이유가 무언가?, 이러한 궁금증을 풀기위하여 오랜 시간에 걸친 역사 추적, 뿌리 찾기를 하면서 다음과 같은 사실을 발견하게 되었다.

우리 시조 할아버지는 신라시대 전주(당시 완산주)에서 거주하셨는데, 큰 벼슬인 사공 벼슬을 하시었고 17세 이양무 조부님까지 그 곳에 터전을 잡고 살고 계셨다. 17세 이양무 조부님께서는 전주 산성별감의 잘못된 점을 지적하다가 갈등을 겪게 되어서 강원도 삼척지방으로 이주하셨고, 18세 이안사 조부님은 다시 함경도 신흥군으로 이주하시어 22세 이성계 할아버지까지 그 곳에 계셨다. 22세 조선태조 이성계 할아버지께서 조선왕조를 창업하시었고, 수도 한양(서울)에서 23세 태종대왕(이방원), 24세 효령대군(세종대왕 형님), 25세 의성군, 26세 서림도정, 27세 삼계부정 할아버지까지 왕족으로 한양에 거주하셨다. 28세 이속 조부님께서는 1604년 연산군 갑자사화 때 스승의 연계건으로 지방인 경북 인동 약목을 거쳐서 경북 상주지방으로 내려오셨고, 이곳에서 29세 이희운 조부님, 30세 청휘당 이승 조부님, 31세 이경 조부님 때에는 퇴계 이황 선생님 및 남명 조식 선생님과 더불어 영남 문인으로 이름을 드높이셨다. 특히 청휘당 이승 조부님의 『청휘당 실기』와 맏아드님이신 심원당 이육 조부님의 『심원당집 』은 오늘날까지도 남명학파의 문인으로 널리 알려져 읽혀지고 있다. 31세 이수후 조부님께서 지금 살고 있는 군위 효령(구효령) 지역으로 이주해오셨고, 41세 증조부님께서 현재의 효령면 장기2동에 터를 잡으셨으며, 2대째 살고 계시다는 것을 확인할 수 있었다. 또한 우리 집안은 정말 존경할 만한 할아버지들이 너무 많으시고, 조선시대 왕족으로서 자부심을 갖는 계기가 되었으며, 앞으로 현대를 살아가는 우리들도 훌륭하신 선조 할아버지들처럼 나라에 충성하고 부모님께 효도하는 착한 문인으로써의 삶과 강건한 체력을 바탕으로 하는 건실한 정신력을 가진 삶을 살아야 그 업적이 후손들에게 널리 귀감이 될 수 있겠구나 하는 경외심을 갖게 되었다.

앞으로, 본 자료를 바탕으로 좀 더 구체적이고 더욱 재미있는 다양한 독자층을 갖는 글을 쓰고 싶다는 생각, 영어 소설, 또한 가족에 대한 더 상세한 사료를 기술할 것을 마음속으로 정리하면서, 미완성이나마 이 글을 마무리하고자 한다.

(조선왕조 27왕)

태정태세문단세예 성연중인명선광인 효현숙경영정순 헌철고순

산 해

조조종종종종조종 종군종종종조군조 종종종종조조조 종종종조

(전주이씨 효령대군파 항렬표) 19대=20세

전주이씨 효령대군파 항렬표									
항 열	우○	○범	회○	○우	○의	기○	강○	○재	정○/수
한 자	愚○	○凡	會○	○宇	○儀	起○	康○	○宰	廷○,秀
효령대수	12	13	14	15	16	17	18	19	20
시조세수	36	37	38	39	40	41	42	43	44
항열	학	병.용	연	경	진	범	년	래	중
한 자	○學	秉○,庸○	演○	○卿	振○	○範	○年	○來	重○
효령대수	22	23	24	25	26	27	28	29	30
시조세수	46	47	48	49	50	51	52	53	54
항 열	○성	○원	○만	○욱	병○	종○	성○	○희	광○
한 자	○成	○遠	○萬	炳○	炳○	宗○	盛○	○熙	廣○
효령대수	32	33	34	35	36	37	38	39	40
시조세수	56	57	58	59	60	61	62	63	64

13世	14世	15世	16世	17世	18世	19世	20世
遇○ 만날 우	○凡 무릇 범	會○ 모을 회	○宇 집 우	○儀 거동 의	起○ 일어날 기	康○ 편안 강	○宰 재상 재
21世	**22世**	**23世**	**24世**	**25世**	**26世**	**27世**	**28世**
秀 빼어날 수 ○ 廷 조정 정	○揆 헤아릴 규	○ 存 있을 존 學 배울 학	秉 잡을 병 ○ 庸 떳떳 용	演○ 물흐를 연	○卿 벼슬 경	振○ 떨친 진	○範 법 범
29世	**30世**	**31世**	**32世**	**33世**	**34世**	**35世**	**36世**
○年 해 년	○來 올 래	重○ 무거울 중	楢○ 떡갈나무 유	○成 이룰 성	○遠 물흐를 원	○ 萬 일만 만	○旭 아침해 욱
37世	**38世**	**39世**	**40世**	**41世**	**42世**	**43世**	**44世**
炳○ 밝을 병	宗○ 마루 종	盛○ 담을 성	○熙 빛날 희	廣○ 넓을 광	○章 글 장	邦○ 나라 방	齊○ 가지런할 제

(효령대군 제4세 삼계부정森溪副正파): 선원속보=신경자보 28권; 계해보 1~9권

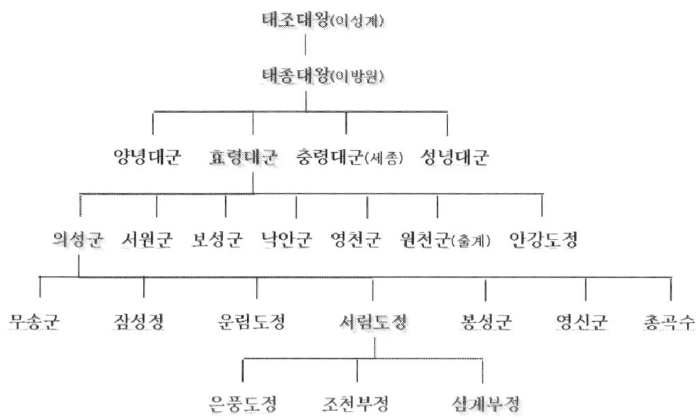

(一子) 誼城君

- 一子 茂松君
  - 一子 儒城君
  - 二子 載陽副正
  - 三子 海陽副正
  - 四子 長陽都正
- 二子 岑城正
  - 一子 茂山副正
  - 二子 平皐都正
  - 三子 玉山副正
  - 四子 松山都正
  - 五子 戍城副守
  - 六子 冠山都正
  - 七子 義原守
  - 八子 臨道守
- 三子 雲林都正
  - 一子 把城君
- 四子 西林都正
  - 一子 殷豐都正
  - 二子 助川副正
  - 三子 森溪副正
- 五子 蓬城君
  - 一子 硯提君
  - 二子 興寧副正
  - 三子 唐城副正
- 六子 永新君
  - 一子 明原君
  - 二子 咸原君
- 七子 葱谷守
  - 一子 峰山副令
  - 二子 章山副令
  - 三子 德山副令

◈ 선원파계

선 계	파 시 조				
궁진	시중공				
용부	평장사공				
양무	주부공				
제 왕 별	**파 시 조**				
목조대왕	안천대군	안원대군	안풍대군	안창대군	안흥대군
익조대왕	함녕대군	함창대군	함원대군	함천대군	함릉대군
	함양대군	함성대군			
도조대왕	완창대군	완원대군	완천대군	완성대군	
환조대왕	완풍대군	의안대군			
태조고황제	진안대군	익안대군	회안대군		
정종대왕	의평군	순평군	선성군	종의군	진남군
	수도군	임언군	석보군	덕천군	임성군
	도평군	장천군	정석군	무림군	
태종대왕	양녕대군	효령대군	성녕대군	경녕군	함녕군
	온녕군	근녕군	혜령군	희령군	후령군
	익녕군				
세종대왕	임영대군	광평대군	금성대군	영응대군	화의군
	계양군	의창군	한남군	밀성군	수춘군
	익현군	영풍군	영해군	담양군	
세조대왕	덕원군	창원군			
덕종대왕	월산대군				
성종대왕	계성군	안양군	완원군	회산군	봉안군
	견성군	익양군	이성군	경명군	전성군
	무산군	영산군	운천군	양원군	
중종대왕	해안군	금원군	영양군	덕양군	봉성군
	덕흥대원군				
선조대왕	임해군	신성군	순화군	인성군	경창군
	흥안군	경평군	인흥군	영성군	
원종대왕	능원대군	능창대군			
인조대왕	소현세자	인평대군	용성대군	숭선군	낙선군
숙종대왕	연령군				
장조의황제	은언군	은전군			
고종태황제	의왕	영왕			

* 전주이씨 효령대군파 중에서 4세대에 이르러 다시 104개의 세분화된 계파(係派)로 나뉘게 된다.
  - 왕의 직계는 대군(大君), 군(君)으로 불린다, 그 중 왕후(王后=왕비)의 자식을 대군이라 불렀다
  - 종친부 품관(品官):

정1품: 대군(大君) 종1품 :군(君)	정4품: 전첨수(典籤隨) 종4품 :부수(副守)
정2품: 군(君) 종2품 :군(君)	정5품: 전부령(典簿令) 종5품 :부령(副令)
정3품: 도정(都正),정(正) 종3품 :부정(副正)	

강성도정(江城都正)파	유성군 (儒城君) 파	재양부정(載陽副正)파	서산수 (瑞山守) 파
해양부정(海陽副正)파	장양도정(長陽都正)파	무산부정(茂山副正)파	무송수 (茂松守) 파
평고도정(平皐都正)파	옥산부정(玉山副正)파	송산도정(松山副正)파	길성령 (吉城守) 파
술성부수(戌城副守)파	관성도정(冠城都正)파	의원수 (義原守) 파	경성령 (鏡城令) 파
임도수 (臨道守) 파	파성군 (把城君) 파	은풍도정(殷豊都正)파	종성령 (鐘城令) 파
조천부정(助川副正)파	삼계부정(森溪副正)파	석제군 (碩堤君) 파	추천령 (楸川令) 파
흥령부정(興寧副正)파	당령부정(唐寧副正)파	명원군 (明原君) 파	분성령 (盆城令) 파
함원군 (咸原君) 파	봉산부령(峰山副令)파	장산부령(章山副令)파	상질령 (尙質令) 파
덕산부령(德山副令)파	현하부정(縣河副正)파	황려부정(黃驪副正)파	철성도정(鐵城都正)파
등수부정(登水副正)파	김란부정(金蘭副正)파	기천부정(箕川副正)파	관성都正(觀城都正)파
김령부정(金寧副正)파	영산부정(榮山副正)파	고양부정(高陽副正)파	대흥령 (大興令) 파
남양부정(南陽副正)파	남곡부수(嵐谷副守)파	수창부수(壽昌副守)파	영성부수(寧城부수)파
서천부수(西川副守)파	칠산군 (漆山君) 파	장제부정(長堤副正)파	덕양정 (德陽正) 파
홍안부정(興安副正)파	춘성정 (春城正) 파	경원부수(慶源副守)파	밀산부수(密山副守)파
희양부수(曦陽副守)파	음평군 (陰平君) 파	안정부정(安貞副正)파	번남수 (藩南守) 파
여양군 (呂陽君) 파	임강부정(臨江副正)파	한산부정(漢山副正)파	무안수 (務安守) 파

견성부수(甄城副守)파	주계군 (朱溪君) 파	예성군 (芮城君) 파	여흥수 (驪興守) 파
벽계군 (碧溪君) 파	선곡부정(善谷부정)파	의신군 (義新君) 파	희천수 (熙川守) 파
출의수 (? 義守) 파	사천군 (泗川君) 파	고안정 (高安正) 파	광양령 (光陽令) 파
양록정 (陽麓正) 파	등임수 (登臨守) 파	장임수 (長臨守) 파	가야수 (伽倻守) 파
증양군 (甑陽君) 파	두원부정(豆原副正)파	김괴부정(金塊副正)파	무임수 (茂林守) 파
승평부령(昇平副令)파	의천부령(擬川副令)파	유성부령(柳城副令)파	리산수 (理山守) 파
문현부령(文峴副令)파	운성부령(雲城副令)파	술천부령(述川副令)파	덕흥군 (德興君) 파
흥안부수(興安副守)파	덕흥군 (德興君) 파	영제부수(寧堤副守)파	인창령 (仁昌令) 파
니성군 (尼城君) 파	역양부수(轢陽副守)파	평서군 (平西君) 파	춘양령 (春陽令) 파
운악부수(雲岳副守)파	광복부수(廣卜副守)파	하성렬 (夏城令) 파	동원수 (東原守) 파

〔부록-2〕 조선시대 관직과 품계(참고문헌[4])

품 계(品階) (현대의직위)	관 직 명(官職名)
정 1 품 (국무총리)	영의정 좌의정(문관) 우의정 도제조(이상 무관)영사 도제조 대장(이상 지방관)
종 1 품 (부총리)	좌찬성 우찬성 판사 제조,판사
정 2 품 (장관,차관, 본부장대장 ,도지사)	지사 판서 좌참찬, (문관) 우참찬 대제학(무관),지사 제조 도총관(지방관)
종 2 품 (차관보, 중장)	동지사 참판 상선(문관), 동지사 부총관(무관),병마절도사 관찰사 부윤(지방관)
정 3 품 (관리관 ,소장)	참의 직제학(문관),첨지사 별장(무관),목사 병마절제사(지방관)
종 3 품 (이사관,국장,준장)	집의 사간(문관), 대호군 부장(무관),도호부사 병마첨절제사(지방관)
정 4 품 (부이사관, 대령)	사인 장령(문관), 군호(무관),
종 4 품 (중령)	경력 첨정(문관),경력 부호군 첨정(무관),군수 병마동첨절제사(지방관)
정 5 품 (서기관,소령,군수)	정랑 별좌 교리,(문관) 사직, (무관),
종 5 품 (부군수)	도사 판관(문관),도사 부사직 판관(무관),도사 판관 현령(지방관)
정 6 품 (사무관,대위,면장)	좌랑 별제(문관),
종 6 품	주부 교수(문관), 부장 수문장 종사관(무관), 찰방 현감 교수병마절제도위(지방관)
정 7 품 (주사,계장,중위)	박사(문관),사정 참군(무관),
종 7 품	직장(문관),부사정(무관),
정 8 품 (주사보,소위,준위)	저작(문관),사맹(무관),
종 8 품	봉사(문관),부사맹(무관),
정 9 품 (서기,상사,중사)	부봉사 정자 훈도(문관),사용(무관),
종 9 품 (서기보,하사)	참봉(문관), 부사용 별장(무관),

[1] 전주이씨 효령대군파 종회 공식홈페이지 청권사(淸權祠) (http://www.hyor.or.kr/)

[2] 뿌리를 찾아서 홈페이지 (http://www.rootsinfo.co.kr/)

[3] 손석우 『터(육관도사의 풍수, 명당이야기)』, 도서출판 답게, 1993년 7월.

[4] 위키백과, 인물검색 사이트 (http://ko.wikipedia.org/wiki).

[5] 이대호, 『명당풍수와 조경수목』, 일진사, 2006년.

[6] 전주이씨 효령대군-삼계부정파 블로그(http://blog.naver.com/joyllg.do).

[7] 조선왕조, 『조선왕조실록』, 인터넷 본 (http://sillok.history.go.kr/main/main.jsp).

[8] 남명 조식선생의 문하생 글(사이트 http://www.nammyung.org/2007/bbs /zboard.php?id=man&no=134참조)

[9] 영남선비의 글(사이트 http://blog.daum.net/cordblood/13735451 참조)

[10] (국회도서관, 사이트 http://www.nanet.go.kr/main.jsp 전자검색, "청휘당"으로 검색)

- 慶尙北道 文化財委員會 會議錄 :會議書類·報告書 및 會議錄,1992~1994 / 慶尙北道 [편]
- 慶尙北道 文化財委員會 會議錄 :會議書類·報告書 및 會議錄,1988~1991 / 慶尙北道 [편]

[11] 『德川師友淵源錄』 6권 2책.

[12] 李 承, 『晴暉堂實紀』 1책 (14대조 조부님의 글)

[13] 영남문집해제, "청휘당실기"-이승, 영남대학교 민족문화연구소, 민족문화 연구소 자료총서, 1988.

[14] 칠곡문화원, 『국역 칠곡지』, 2002년 발간

[15] 이화에 월백하고, http://blog.daum.net/ansdufrhd/11843393 사이트

[16] 남명학파(南冥學派) 관련(關聯) 인명록(人名錄), 이상필(문학박사, 경상대학교 한문학과 교수) 편찬, 제공(2005년 4월.

[17] 경상대학교 도서관 남명학 고문헌 시스템, http://nmh.gsnu.ac.kr/index.jsp 사이트 참조

[18] 이승, 『청휘당실기』, 16세기말(1552~1598)

[19] 이승, 『청휘당선생실기 해제』, 경상대학교 남명문인집 번역, 2007년

[20] 이육, 『심원당집』, 17세기초(1572~1637)

[21] 이육, 『심원당선생문집 해제』, 경상대학교 남명문인집 번역, 2007년